LA

CULTURA
NO   ES UNA
AUTOPISTA

LA

CULTURA
NO   ES UNA
AUTOPISTA,

LOS MUSEOS
    PODRÍAN

SER

    JARDINES

.

LA CULTURA NO ES UNA AUTOPISTA,
LOS MUSEOS PODRÍAN SER JARDINES.
Toma de decisiones y distribución de recursos
en el ámbito de la producción artística y cultural

(Auto)editado por
Lucía Egaña Rojas y Giuliana Racco

Con contribuciones de
Silvia Albert Sopale, Tatiana Antoni Conesa, Paula Bruna,
Natalia Carminati, Lucía Egaña Rojas, Sally Fenaux Barleycorn,
Francisco Godoy Vega, Tjasa Kancler, Elektra KB, Rosa Lendínez,
Tau Luna Acosta, Rafaela Pimentel, iki yos piña narváez funes,
Giuliana Racco, Helena Vinent y personas que decidieron
permancer en el anonimato.

Imagen de portada
"La conferencia de los pájaros", Persia, siglo IX
Corrección y edición
Eduardo Carrera
Diseño editorial
Camila González S. – ilacami
ISBN
978-84-128020-2-3

Este proyecto ha contado con el apoyo del Centre d'Arts Santa Mònica
y de la Plataforma Assembleària d'Artistes de Catalunya (PAAC).

Barcelona, enero 2024

LA CULTURA NO ES UNA AUTOPISTA, LOS MUSEOS PODRÍAN SER JARDINES.

Toma de decisiones y distribución de recursos en el ámbito de la producción artística y cultural

Lucía Egaña Rojas y
Giuliana Racco

CONTENIDO

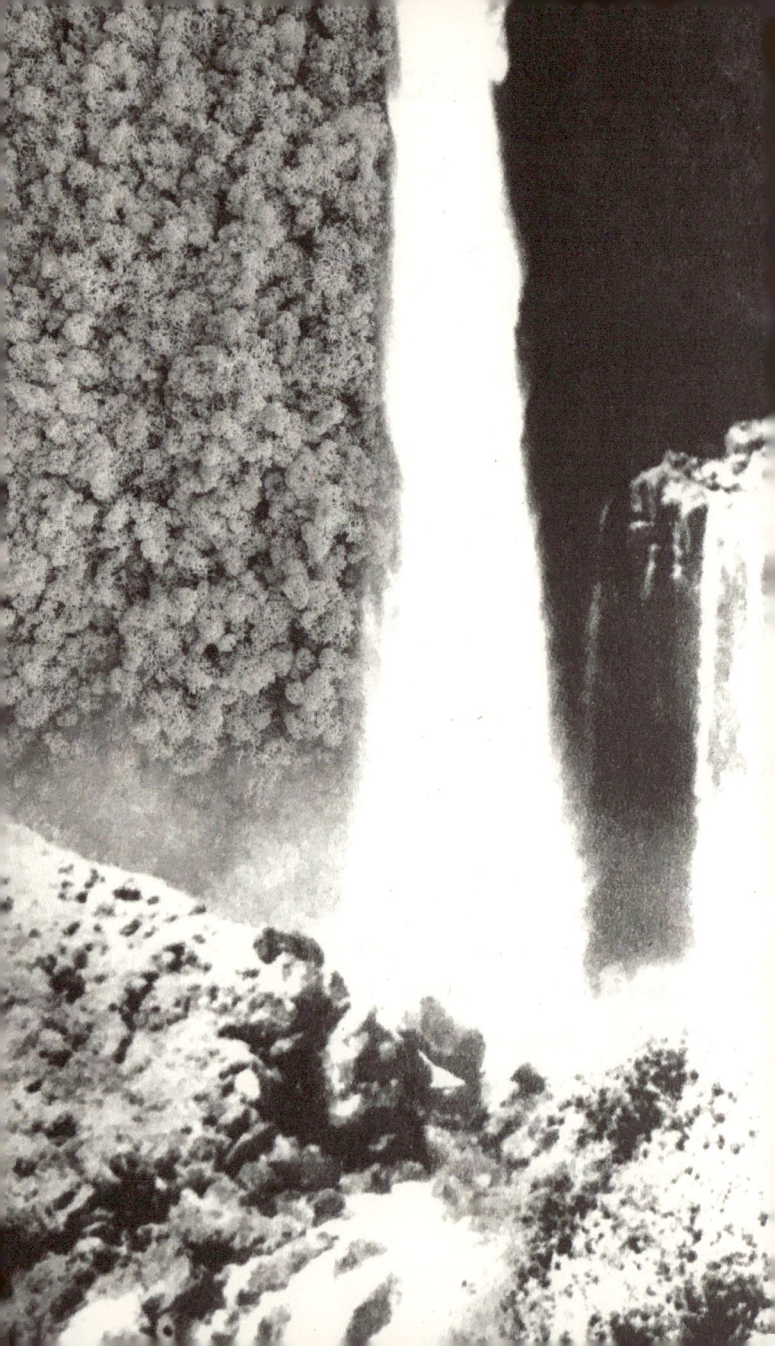

INTRODUCCIÓN

...la decolonización del museo es una cuestión política que va más allá de introducir los contextos y advertencias en torno a los objetos, más allá de las políticas de diversidad e inclusión (donde esto último parece más bien una decoración). Se trata de transformar las escuelas y academias de arte, la formación de los comisarios: cuestionar la relación entre raza, el dinero privado y la precariedad organizada de artistas racializados.
Françoise Vergès

1

El proyecto "Descentrar la mirada para ampliar la visión"[1] nace como una investigación sobre ciertas estructuras institucionales, especialmente relacionadas con la toma de decisiones en el ámbito de la producción cultural y artística y la distribución de recursos. Este estudio, que se nutre de la investigación en ciencias sociales y de las metodologías artísticas, tiene su principal contexto en Cataluña. Sin embargo consideramos que abordamos un tema y un espacio que pone, a nivel regional y global, de manifiesto las discriminaciones que actúan en el acceso y la asignación de recursos públicos y privados, tradicionalmente causadas por la desigualdad de oportunidades en lo referente a la educación, la movilidad y la situación jurídica y económica de las personas.

---

[1] Durante la investigación utilizamos este título prestado por Florencia Brizuela y Uriel López, quienes publican en 2018 un libro que analiza el racismo en los movimientos sociales de Barcelona bajo este nombre. Florencia Brizuela y Uriel López, *Descentrar la mirada para ampliar la visión. Reflexiones en torno a los movimientos sociales desde una perspectiva feminista y antirracista* (Barcelona: Descontrol Editorial, 2018). Durante la investigación comenzamos a utilizar el nombre que actualmente titula este libro: "La cultura no es una autopista, los museos podrían ser jardines".

Además de examinar los diferentes ejes de discriminación basados en el origen, la raza, el género, la orientación sexual y la discapacidad, el proyecto busca crear herramientas y sugerencias para garantizar un acceso equitativo a los recursos para la producción cultural y artística, así como diversificar los programas culturales creados. Al mismo tiempo, se han explorado mecanismos para garantizar la **inclusión** de artistas y trabajadores culturales que representen la **diversidad** no sólo hacia afuera, sino también en las estructuras internas, en los lugares de máximo poder y de toma de decisiones del sector cultural.

2

Como notó Dean Spade a través del proyecto estadounidense *Sylvia Rivera Law Project,* hay personas que chocan con entramados de distintos obstáculos, puesto que hay personas que "resultan básicamente incomprensibles para los sistemas administrativos que deciden sobre la igualdad de oportunidades" (Spade 2015, 25). Este "no encajar" en el sistema administrativo también se traduce al espacio de la cultura, donde ciertas personas parecen quedar fuera. Pero no es que estas personas queden fuera, sino más bien que el sistema del arte y la cultura permanentemente las está expulsando.

Si bien muchas de las políticas que están en consonancia con esta investigación se relacionan con el reconocimiento, la inclusión o la **integración**, lo que subyace realmente en el fondo de nuestro trabajo es un enfoque más transformador, que no sólo se centra en que las instituciones artísticas sean más permeables por "lo diferente", sino que se ponga en cuestión a las propias instituciones conformadas desde paradigmas colonialistas, racistas, capitalistas, capacitistas, heterociscentrados. Por lo tanto todo lo que planteamos en este estudio tiene que ver con un constante cuestionamiento a sí mismo, y tal como indica Spade, si lo que buscamos es una transformación que no sea sólo simbólica, sino que alcance a quienes sufren las manifestaciones más violentas, "debemos trascender las políticas del reconocimiento y la inclusión" (Spade 2015, 43). En ese sentido es que reflexionamos sobre ideas como la **"calidad artística"** que arrastra de forma implícita la sensación de que hay cierta "igualdad de oportunidades" y/o meritocracia posible, aunque estos criterios sean implementados al interior de estructuras enormemente desiguales naturalizando unas jerarquías al hacer como si no existieran.

Estamos viviendo y atravesando un momento en el que parece difícil que las instituciones culturales (y las otras) no cuestionen el papel que ha jugado el privilegio blanco, colonial, heteropatriarcal, capacitista en su establecimiento y desarrollo. Esto da cuenta de una necesidad concreta, pero también de cierta ansiedad institucional, lo que Nirmal Puwar en su libro *Space Invaders* describe como un "hambre de diversidad" (Puwar 2004, 69) que vemos se deposita sobre estas experiencias buscando soluciones rápidas a problemas que se han ido forjando con lentitud y estructuralmente.

Sentimos también que es necesario adoptar un enfoque crítico en torno a la sobreproducción de lo llamado "diversidad" preguntándonos si realmente ponen en marcha un cambio real. Si bien como decíamos, los discursos deconstructivos de las instituciones culturales están en auge, a la vez están crecientemente siendo despolitizados, vaciados de sus demandas originales. Muchos conceptos son sistemáticamente despojados de su potencial político y transformador para ser convertidos en meros temas de discusión, sujetos a la obsolescencia programada de sí mismos. Las discusiones sobre asuntos decoloniales, por ejemplo, parecen ser teóricas y metafóricas, sin embargo cuando se trata de encontrar prácticas concretas que las pongan en juego en el ámbito institucional, no aparece prácticamente ninguna. Seguramente esto se deba a que las instituciones culturales en sí mismas han sido creadas y sostenidas sobre prácticas coloniales. En el artículo *La descolonización no es una metáfora*, Tuck y Yang (2021) profundizan más en esta situación que atraviesa de forma creciente al espacio de la cultura en nuestro contexto.

En esta investigación operan distintos niveles de urgencia y acción. Nos balanceamos entre lo deseable y lo posible, **buscando cada vez más poder llegar a lo deseable, porque también eso ha sido cooptado y reducido por las lógicas de lo posible como único espacio de acción**. Tal como indica Spade a partir del discursos del *Mutual Aid Disaster Relief*, "si colectivamente tomamos acciones audaces, 'podemos imaginar nuevas formas de interactuar con el mundo'" (Spade 2022, 27).

3

Nos planteamos como objetivos poder crear una caja de herramientas que pudiese servir a distintos agentes del espacio cultural. Cuando hablamos de herramientas nos referimos a sugerencias y propuestas concretas que puedan servir como hoja de ruta, pero también a una serie de palabras para poder implementar su uso, así como un arsenal crítico que pueda ser utilizado por artistas y activistas culturales. Queremos hacer algo útil, que sobrepase el lenguaje de la corrección política y encare de forma colectiva la sostenida injusticia que atraviesa las estructuras del campo cultural local, nacional e internacional. Sabemos que estas acciones no son aisladas y que de ninguna forma somos las únicas, más bien se trata de ir generando una masa crítica que vaya apilando energías y demandas hasta ir provocando variadas alteraciones y apelando a lo (im)posible con el objetivo de ir transformando las instituciones hasta que quizás, ojalá pronto, la cultura deje de ser un fósil.

Este informe reúne un diagnóstico y una revisión de distintos aspectos que han ido emergiendo principalmente del trabajo de investigación bibliográfica, de conversaciones y reflexiones constantes a lo largo del año 2022 donde nos hemos ido encontrando Giuliana y Lucía y también, periódicamente, con el grupo de trabajo compuesto por Sally Fenaux Barleycorn, Francisco Godoy, Tjasa Kancler, Silvia Albert Sopale y Helena Vinent. Realizamos además varias sesiones de trabajo junto a LICC (Laboratorio de Ideas para Convocatorias Cuidadas compuesto por Luna Acosta, Paula Bruna, Natalia Carminati, y Rosa Laínez) en torno al tema de los llamados públicos para artistas y las convocatorias. Nos ha sido de mucha ayuda poder revisar una serie de documentos realizados en otros contextos y espacios del reino de españa, Europa y el mundo para profundizar la investigación y permitirnos entender lo que hay de común en todos estos contextos.

Cuando se nos pidió una aportación al programa de formación cultural Crear situaciones: arte y pensamiento participativo en el Centre d'Art Santa Mònica, decidimos abordar temas relacionados con los cuidados y la justicia desde una perspectiva de mujeres (principalmente) migrantes que trabajan en el sector del cuidado. Por esto hemos abierto una conversación con Rafaela Pimentel portavoz del colectivo Territorio Doméstico. Finalmente, realizamos entrevistas a diversos agentes del contexto local, nacional e internacional en relación a los principales ejes de esta investigación: racismo, trans/homofobia y **capacitismo**. La mayor parte de estas conversaciones las incluimos en este libro bajo las voces de iki yos piña narváez y Elektra KB, entre otras. Algo que ha sido recurrente, tanto en el contexto local como en el internacional, es la preferencia de algunas personas de mantener el anonimato en sus testimonios. Este hecho da cuenta de que el campo cultural puede ser castigador y represivo, un campo donde aparentemente se castiga a quien cuestiona y critica el *status quo*. Este hecho no aporta, sino que al contrario, impide que se produzcan cambios sociales estructurales. Te invitamos a pensar si alguna vez has sido castigada por dar tu opinión o por criticar el sistema y si eso en alguna medida te ha hecho permanecer en silencio. Así mismo te invitamos a pensar si alguna vez has castigado, dejado de dar trabajo, ignorado o cancelado a alguien tras su crítica o cuestionamiento sistémico. Nos gustaría con este trabajo romper con esas dinámicas de poder que no hacen más que prolongar los sistemas del arte que replican la injusticia social.

Por último quisiéramos agradecer a todas y a cada una de las personas que acompañaron este trabajo, a aquellas que lo hicieron presencialmente y a las que lo hicieron a través de sus investigaciones, textos y discursos, sin ellas no hubiese sido posible.

Una nota sobre el lenguaje

El lenguaje es una zona de guerra
Ngũgĩ wa Thiong'o

Este manual fue originalmente escrito en español (y esperamos que posteriormente sea traducido al catalán), e intenta utilizar fuentes de diferentes áreas (lingüísticas) del mundo. Habla a un contexto lingüístico específico y también resiste la compulsión de "anglicanizar" todo el conocimiento "oficial". En el ámbito de las artes y la cultura, las barreras del idioma desempeñan un papel crucial en los procesos de **inclusión** y **exclusión**. A pesar de la creencia común de que las obras de arte pueden expresarse por sí mismas, el acceso a las escuelas, instituciones, habilidades de escritura y expresión oral es lo que permite acceder a un contexto dominado por una hegemonía lingüística. Aunque una *lingua franca* facilita la comunicación y el intercambio de conocimientos, la anglósfera establece el idioma como una barrera que margina o degrada otras formas de conocimiento, ignorando lo que se considera intraducible o inconmensurable. Esto empuja a muches productores culturales a adentrarse en la zona compleja, fértil, subversiva e híbrida del "cambio de código".

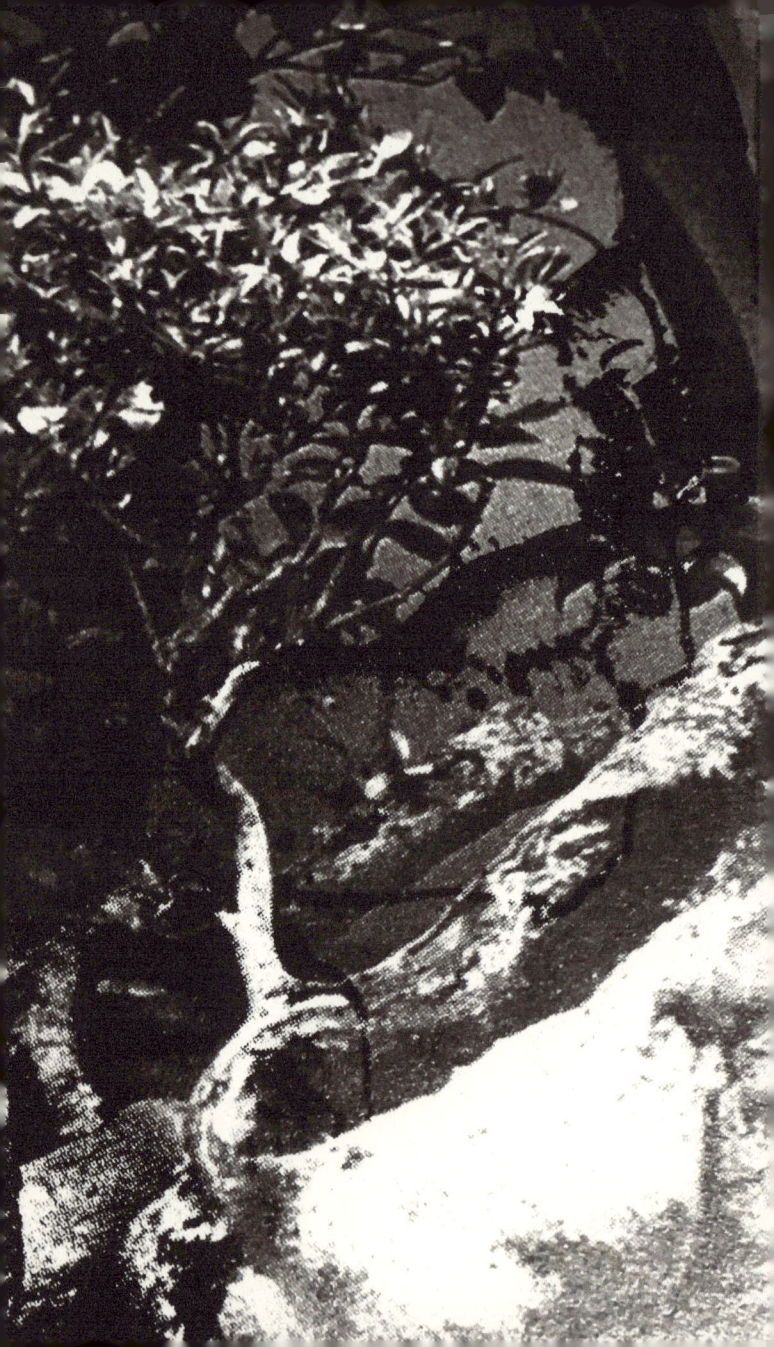

GEOLOGÍA FORENSE[2]

No queremos ser más esta humanidad.
Susy Shock

Al hablar de "malas prácticas", nos adentramos en un espacio incómodamente binario en el que las cosas parecen separarse entre buenas y malas, a pesar de que en realidad pueden tener una amplia gama de matices. Al utilizar el término "malas prácticas", nos referimos a aquellas acciones que requieren nuestra atención, ya que expresan violencia hacia ciertas comunidades y sujetos específicos. Con la voluntad de aportar herramientas para que el espacio del arte y la cultura sea cada vez más vivible para todas, es que enunciamos esta serie de cuestiones.

Si el poder opera a través de varios dominios interrelacionados, como el control económico, el control de la autoridad, el control basado en cuestiones raciales, de género y sexualidad, el control sobre la subjetividad y el conocimiento, así como el control de la naturaleza, podemos afirmar que todos estos aspectos han sido constitutivos y activos históricamente dentro de la institución del arte, y lo siguen siendo en la actualidad. Todos estos aspectos están entrelazados con el sistema occidental capitalista moderno/colonial, que ha sido determinante en la producción y propagación del eurocentrismo durante los últimos cinco siglos, a partir de la conquista española y portuguesa del siglo XV y la colonización de América. Como resultado, se ha llevado a cabo un proceso de borrado, silenciamiento y descalificación de todas las expresiones culturales y de las

2 Parte de este apartado fue redactado con la colaboración de Tjasa Kancler y muy inspirado en su investigación *Arte—política—resistencia* (Barcelona: Ediciones t.i.c.t.a.c., 2018).

personas que no formamos parte de la euro–blanquitud. Esto implica que el sistema y la institución del arte están intrínsecamente vinculados a una fábrica racista de subjetivación, disciplina y control cuyo objetivo es reproducir y mantener el sistema existente a través de exclusiones continuas basadas en términos de clase, raza, género, sexualidad, capacidad, idioma, espiritualidad, entre otras.

En el contexto de las reconfiguraciones políticas posteriores a la Guerra Fría, el fenómeno de la desaparición de ciertos límites fronterizos no implica una eliminación literal, sino más bien al contrario: se fragmentan, despliegan y multiplican simultáneamente, dando lugar a la formación de zonas, regiones o territorios fronterizos. Después de la caída del Muro de Berlín en 1989, la dinámica de cambio en las fronteras, en consonancia con la expansión de la Unión Europea y el alcance creciente del capitalismo/colonialidad a nivel mundial, adquiere forma en la creación de un "nuevo" régimen de control. Este régimen se sustenta en la interacción de la tecnología y la bio–necropolítica. Mientras la institución del arte eurocéntrica, marcada por la creciente corporativización, privatización y reestructuración neoliberal global, es una fábrica de producción de conocimiento colonial capitalista con sus sistemas de producción de verdad y su mercantilización, el lugar de producción y explotación de la subjetividad; en relación a sus modelos establecidos, modos de pensar, percibir y actuar que son hoy en día globalmente reproducidos, tenemos que tener en cuenta todas estas dimensiones para introducir un condición crítica, que señale nuevas–viejas formas de conflicto y permita impulsar un cambio radical.

Al analizar el sistema del arte y su relación intrincada con el capitalismo racial en el contexto del arte contemporáneo, emergen tres lógicas o procesos dominantes entrelazados. Estos procesos son la economización del arte, la culturalización de la política, y la institucionalización de la crítica. Abordaremos estos elementos con el propósito de desentrañar el origen de las malas prácticas y comprender cómo se manifiestan en las formas contemporáneas a través de las cuales operan en las instituciones culturales y artísticas hoy.

1. Economización del arte

En cuanto a la economización del arte, la crítica a la industria cultural como un medio de manipulación de masas (Theodor Adorno, Escuela de Frankfurt) en el contexto de la transformación fordista anticipa la llegada de la producción posfordista y el progresivo proceso de economización del arte, con ciertas diferencias que introdujo el nuevo modo de producción posfordista. A partir de la década de 1980 en adelante, la neoliberalización ha intensificado la privatización y mercantilización del arte, transformado la noción del arte en un activo de mercado, con un enfoque particular en la creatividad en el contexto de la cadena de producción (industrias creativas). La cultura capitalista colonial, que en la actualidad permea todas las esferas de la expresión semiótica, incluida la economía del deseo y la política de la imagen, se apoya en la manipulación de la subjetividad como una de sus principales armas.

¿Quién se puede permitir trabajar a cambio de reconocimiento social?

En este escenario de empresarialización y competitividad en la esfera de la producción artística y cultural, surge la necesidad de explorar su relación con la violencia y la diferenciación.

2. Culturalización de la política

Tras el 1989, el estricto binario "adentro–afuera" se ha transformado en un proceso interno de multiplicación de divisiones, fragmentaciones y clasificaciones. La obsesión con la "diferencia cultural" está ahora institucionalmente legitimada, lo que visibiliza nuevas formas de **exclusión** y opresión. Como apuntan varios análisis la sociedad puede organizarse "libremente" mientras no toque el monopolio capitalista colonial/imperial en su objetivo de definir las jerarquías sociales y las posibilidades políticas. Asimismo, en la red global del arte, el Occidente sigue ocupando una posición central que determina qué es arte y qué no, quiénes tienen la capacidad de participar y a quiénes se excluye. Las diferentes manifestaciones del lenguaje y las prácticas culturales, artísticas o políticas se ven constantemente reinterpretadas bajo lecturas reduccionistas eurocéntricas. De esta manera las diferencias que emergen de los procesos de diferenciación y jerarquización, fundamentados en marcadores de clase, género, raza, sexualidad, capacidad, entre otros, adquieren una dimensión superficial. Estas diferencias se convierten en cuestiones cosméticas, propias del enfoque del multiculturalismo neoliberal y sus concepciones sobre la **diversidad**.

Parece como si se tratara de elecciones de vida que permiten el acceso a los espacios institucionales a través de sistemas de cuotas, **tokenismo** o **"fichajes simbólicos"**. Un proceso de "lavado" (*washing*) institucional, que forma parte de estas dinámicas, se basa en la despolitización de las intervenciones políticas. Esto convierte las grandes agendas políticas en temáticas, tendencias y modas, despojando así de las potencialidades críticas aquellas prácticas que plantean acabar con las estructuras neoliberales racistas y radicalmente transformar la institución del arte. Por tanto, como Mouffe (1997) señalaba ya a finales de los años noventa, la lucha contra el racismo va más allá de simplemente admitir artistas racializados en los Museos tradicionales. Muches artistas implicades en las luchas políticas anticoloniales insistimos en la necesidad de romper con la hegemonía eurocéntrica y capitalista colonial del arte. Esta hegemonía no reconoce ni valora las prácticas y expresiones artísticas que desafían audazmente esta realidad, planteando un enfoque artístico que se enfrenta a esta situación.

3. Institucionalización de la crítica

Mientras que la dinámica de **inclusión/exclusión** propia de la culturización de la política se está reproduciendo en el contexto de las circunstancias económicas actuales, simultáneamente se organiza y transcurre también el proceso de institucionalización de la crítica, cuya intención es principalmente impedir la transformación radical de las instituciones del arte, generando una falsa imagen "intercultural, diversa y crítica" que oculta la continuidad de precarizaciones racistas y las estructuras capacitistas cisheteronormativas que todavía se encuentran ancladas en su lugar, floreciendo dentro de las estructuras laborales flexibles de las industrias creativas.

La economización del arte y la cultura marca unos ritmos acelerados de obsolescencia. Las problemáticas que tendrían que abordarse con urgencia se convierten en las temáticas que se agotan, se desgastan, aparecen y desaparecen muy rápido. Las demandas políticas que se institucionalizan y son de esta forma cooptadas y neutralizadas, dejan de tener un potencial transformador. Hay una obsolescencia particularmente institucional, muy ligada al **extractivismo** capitalista colonial en las formas en las que produce "zonas de sacrificio", espacios residuales, muertos, vacíos.

Che Gosset y Eva Hayward, en su artículo titulado "The Impossibility of That", buscan las fuerzas fugitivas, de provocaciones pesimistas y exploran sus potencialidades de desengancharse (de–link from, break from) de lo "Humano", el "Hombre" y sus innumerables agentes, al explorar las transfiguraciones al borde de la existencia. Tal como argumentan, "el antropocentrismo blanco está en el centro del colonialismo racial, y LA DESCOLONIZACIÓN es un giro radical de un mundo organizado por el entrelazamiento de especismo, antinegritud y colonialismo" (Hayward y Gossett 2017, 19) y, agregaríamos también, el capitalismo.

En esta relación sería necesario impulsar los procesos de desaprender y aprender simultáneamente, situando las relaciones, los conflictos y los puntos de tensión dentro de los cuales emerge el anti–poder de articular prácticas micropolíticas y políticas con capacidad de multiplicarse en la lucha por una emancipación imposible–posible.

De alguna forma y desde estas constataciones que hacemos a través de este estudio, resulta un desafío imaginar cómo las instituciones de arte europeas podrían cuestionar las prácticas operativas arraigadas en la modernidad colonial. No obstante, consideramos que investigaciones y esfuerzos como este pueden contribuir al debate y socavar la violencia histórica que se ha perpetuado a través de estas instituciones.

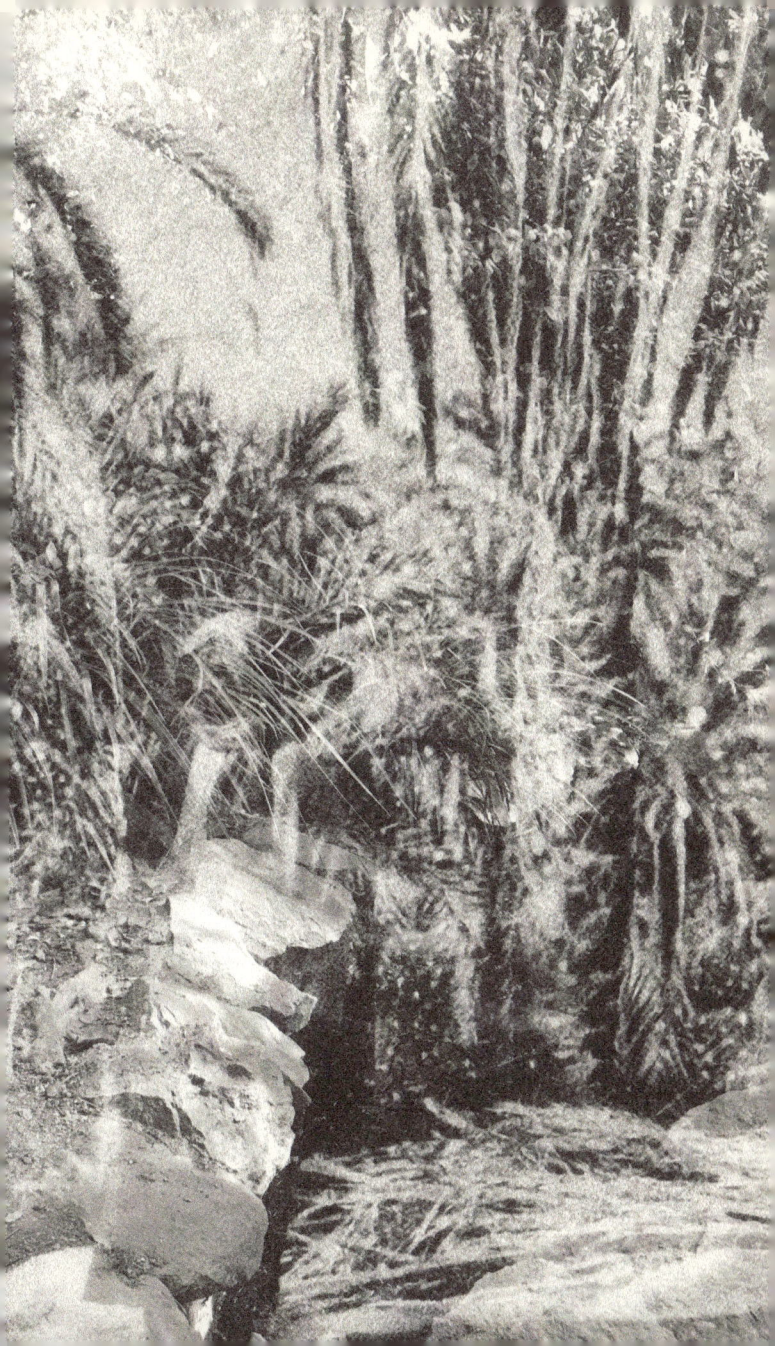

GLOSARIO

*A menudo, cuando la voz radical habla de dominación,
estamos hablando a los que dominan. Su presencia cam-
bia la naturaleza y dirección de nuestras palabras.
El lenguaje es también un lugar de lucha.*
bell hooks

Durante el proceso de esta investigación pudimos reflexionar en torno al poder de las palabras y a cómo su uso determina, apoya y confirma ciertas relaciones y/o relatos del poder. A la vez, nos es difícil reformular las palabras o buscar otras totalmente nuevas, ya que usamos una serie de conceptos para poder comunicar ciertas cosas y en ese sentido requerimos que sean comprensibles de modo abierto y llano. Si bien un cambio en el lenguaje representa un gesto importante y transformador, no podemos estar seguras de que tales transformaciones sean instantáneas o inmediatas.

Mientras conversábamos en torno al uso de ciertas palabras nos surgió la necesidad de volver a hacer explícito que todas estas reflexiones (así como toda esta investigación) tienen como horizonte común el cambio estructural y no el lavado de imagen institucional. Por eso apelamos a que estas propuestas puedan siempre seguir transformándose entendiendo el lenguaje como algo dinámico, procesual, conflictivo y subjetivo. Actualmente muchas instituciones e iniciativas culturales están insistiendo en la producción de glosarios[3]. Por un lado esto responde a una necesidad real de definir y traer al uso de ciertos términos

---

3 Es el caso del VIII Encuentro de Cultura y Ciudadanía organizado por el Ministerio de Cultura en octubre de 2022, o de iniciativas internas que se están llevando a cabo en instituciones como La Escocesa y el propio Centro de Arte Santa Mónica (uno de los principales contribuidores a esta investigación), o a glosarios que se desarrollan dentro del ICUB o de la Generalitat.

y palabras. Por el otro seguramente tiene que ver con una ansiedad por pasar página, como si definir palabras asegurara alguna cosa en términos políticos y de justicia social.

En esta ocasión, los términos que estamos analizando poseen múltiples interpretaciones, y nuestra intención radica en cuestionar la forma en que se emplean, se exceden o son explotados. Todas estas palabras son contextuales (depende de su contexto histórico, geográfico e incluso del emisor) y mañana podrían cambiar de significado. Somos conscientes de las múltiples operaciones de vaciamiento conceptual y político de muchos de los términos que están o podrían estar presentes en el siguiente listado. Estas operaciones tienen que ver con la obsolescencia del lenguaje que es una estrategia que ha sido utilizada en el campo del arte con frecuencia. La propia acción de nombrar en sí misma ya es conflictiva puesto que, no sólo en el campo de arte, forma parte de una suerte de genealogía del poder en la cual quien nombra lo hace como si fuese una prolongación de su descubrimiento (esto sucede con la botánica, la fisiología y los territorios). Por esta razón, queremos dejar claro que nos resistimos a la producción de un glosario que termine vacío a través del uso. En cambio, nuestra intención es resignificar y poner atención sobre algunas palabras que han comenzado a perder peso y sentido a través de su uso (y abuso) en el ámbito cultural.

¿Se puede recuperar el lenguaje o algunas palabras que han sido vaciadas de su potencial político?

Este glosario, más que una propuesta cerrada, se formaliza como una serie de preguntas, cuestionamientos y críticas a ciertas palabras para interrogarlas y poder entenderlas en su multidimensionalidad. Las invitamos a navegar por los conceptos que fuimos desarrollando con parte del grupo de trabajo.

LOS TÉRMINOS QUE ESTAMOS ANALIZANDO POSEEN MÚLTIPLES INTERPRETACIONES, Y NUESTRA INTENCIÓN RADICA EN CUESTIO-NAR LA FORMA EN QUE SE EMPLEAN, SE EXCEDEN O SON EXPLOTADOS. TODAS ESTAS PALABRAS SON CONTEXTUALES (DEPENDE DE SU CON-TEXTO HISTÓRICO, GEOGRÁFICO E INCLUSO DEL EMISOR) Y MAÑANA PODRÍAN CAMBIAR DE SIGNIFICADO.

⌐ Accesibilidad

Tatiana Antoni Conesa y Helena Vinent

Según la RAE[4]:

accesibilidad
Del lat. tardío *accessibilĭtas*, —ātis.
1. f. Cualidad de accesible.

accesible
Del lat. tardío *accessibĭlis*.
1. adj. Que tiene acceso.
2. adj. De fácil acceso o trato.
3. adj. De fácil comprensión, inteligible.

Según nosotres[5]:

accesibilidad
Del capacitismo tardío *te hago el favor de hacer un gesto mínimo*.
1. f. Cualidad de accesible propia del capacitismo.

accesible
Del capacitismo tardío *te hago una promesa que no cumplo*.
1. adj. Que tiene acceso limitado, genérico e indefinido.
2. adj. De fácil acceso o trato para les no—discas y para un tipo concreto de discapacitades.
3. adj. De fácil comprensión, inteligible para les no—discas y para un tipo concreto de discapacitades.

4 Esta consulta se ha realizado en la web de la RAE el 27 de noviembre de 2022.
5 Este texto de Tatiana Antoni Conesa y Helena Vinent (del colectivo Irreparables) está escrito desde su posicionamiento político como discas anticapacitistas.

El término *accesibilidad* aplicado al ámbito de la discapacidad hace referencia a las posibilidades de acceso a espacios, contenidos, servicios, productos, actividades, etc. Al comenzar a salir del ostracismo, la comunidad *disca*[6] empezó a problematizar las posibilidades reales de acceso a los espacios públicos[7], señalando que éstos no eran accesibles para elles. La respuesta del sistema capacitista ante este señalamiento fue asumir –en cierto grado– esta realidad, pero situando como motivo de **exclusión** las características de les discas, consideradas como deficientes. En este sentido, las medidas que se han ido generando para hacer accesibles los espacios, han sido hechas pensando sólo en esta supuesta excepcionalidad de los cuerpos discas.

Actualmente, la legislación vigente en España es garantista y apuesta por un modelo de accesibilidad universal. Pese a eso, y como sucede con otros derechos garantizados –la vivienda por ejemplo–, esta garantía no se cumple. Creemos que estas leyes no incorporan la perspectiva de la discapacidad como construcción social, olvidando sistemáticamente el eje de opresión capacitista e ignorando el nivel de violencia, estigmatización y exclusión que les discas sufren y han sufrido históricamente.

Por estas razones este texto quiere problematizar el concepto de "accesibilidad", teniendo en cuenta que la accesibilidad, tal y como se entiende generalmente para referirse al acceso de les discas, no subvierte la lógica capacitista, sino que la perpetúa. En este sentido, el significado

6 Abreviación de discapacitades, usada a modo de reapropiación por algunas personas dentro del colectivo.

7 Cuando hablamos de acceso a los espacios nos referimos a los espacios en el sentido general y simbólico del término, no sólo físico. No tener acceso a los espacios puede deberse a la inaccesibilidad de los contenidos por el tipo de comunicación que se usa en una actividad, o por la imposición de otras formas hegemónicas de moverse, de ser y de estar.

del término accesibilidad para muches de nosotres ha sido totalmente vaciado de su posible carga política.

En primera instancia, casi todo lo que tiene que ver con la discapacidad y la accesibilidad (organizaciones, asociaciones, entidades públicas y privadas) ha sido siempre llevado por no–discas desde posiciones paternalistas y dejando fuera a les discas de cualquier toma de decisiones[8]. Debido a esto, la accesibilidad acaba siendo una forma más de capacitismo, sin poner realmente en el centro a les discas. El uso de la palabra accesibilidad desde esta lógica es una falsa promesa y algo superficial que no está al servicio de les discas, sino de les no–discas. Es decir, la accesibilidad suele ser planteada como una medida que se toma desde el lado opresor para hacer encajar los cuerpos discas en un mundo que está solo pensado desde y para cuerpos no–discas, entendiéndose casi como un favor al que debemos estar agradecides.

En este contexto, la accesibilidad es entendida como una medida a tomar a posteriori, que no cuestiona los códigos normalizadores preestablecidos. Por ejemplo, al organizar una actividad, por lo general se definen primero los objetivos, el lugar y el cómo, y sólo si surge una demanda, se considera cómo hacer la actividad accesible para determinados tipos de cuerpos. Si se implementan medidas de accesibilidad, suelen ser soluciones aisladas que no interfieren en la dinámica de la actividad desde una perspectiva anti–capacitista. En cambio, son los cuerpos discas los que deben adaptarse con el apoyo de dichas medidas. Aún así, y precisamente porque se sigue pensando en el acceso desde

8 Es importante mencionar que al ocupar estos espacios también se están apropiando de puestos de trabajo que potencialmente pertenecen a les discas. Este hecho es doblemente preocupante si tenemos en cuenta que para nosotres es mucho más difícil acceder a la mayoría de trabajos. En reino de España estos empleos suelen ser ocupados por mujeres cis, blancas, españolas/del norte global y no–discas.

una mirada capacitista, estas adaptaciones a menudo resultan insuficientes para acceder a la totalidad de la actividad.

Por eso es importante empezar a cuestionarnos cómo nos desenvolvemos y cómo planteamos las actividades que organizamos –bajo qué códigos normativos y capacitistas las estamos produciendo–, en vez de entender la accesibilidad como una adaptación que hay que cumplir. No se trata de incluir a les discas mediante intermitentes medidas de accesibilidad en un sistema que nos discapacita y que nos excluye[9], sino de cuestionar la idea de normalidad y romper con aquellas formas de funcionar a las que estamos habituades.

Por otro lado, el uso que se le da a la palabra accesibilidad en la comunicación de las actividades resulta también problemática. A menudo, se comunica que un evento o espacio es accesible (sin especificar para quién ni cómo) cuando sólo es accesible para personas que van en silla de ruedas, invisibilizando y dejando fuera a la gran mayoría de cuerpos discas. Igualmente, este acceso arquitectónico no suele ser un acceso óptimo: rampas o elevadores que no funcionan (o que si funcionan tienes que esperar mucho rato para que lo activen) puertas muy pesadas que impiden la autonomía de la persona, entre otros desafíos. Y, como mencionábamos, a pesar de la incorporación de algunas disposiciones para el acceso arquitectónico, intérpretes de lengua de signos[10] y maquetas táctiles (que suelen ser las medidas básicas adoptadas

---

9 Por esto mismo también problematizamos el término **"inclusión"**, que implica amoldarse para poder ser incluides en un mundo que no tiene en cuenta otros tipos de cuerpos y que no atiende realmente a nuestras necesidades.

10 Si se ofrecen intérpretes en lengua de signos (para una visita guiada en un museo, por ejemplo) solo se suele dar la posibilidad de que sea un día específico escogido por el museo de todos los días que dura una exposición. A día de hoy en España, la subtitulación y la audiodescripción en directo o de materiales audiovisuales apenas se tiene en cuenta.

por instituciones que están legalmente obligadas a hacerlo)[11], las barreras sistémicas impuestas por el capacitismo continúan imposibilitando un acceso o un acercamiento genuino. Reflexionemos sobre la cantidad de personas discas con las que nos relacionamos y cuántes acuden a las actividades que organizamos, y por qué. Y, ciertamente, somos muches: les que existimos y les que no asistimos.

Desde este posicionamiento, proponemos el término "discapacitar" como una forma de distanciarnos del enfoque capacitista que ha impregnado el concepto de "accesibilidad". Utilizar este término es una forma de señalar el capacitismo y tenerlo presente en los procesos de reconfiguración de los espacios de los que deseamos participar como discas. Al mismo tiempo, rechaza la connotación amable intrínseca en la concepción de la accesibilidad. "Discapacitar" los espacios es politizar el acceso y considerar el anticapacitismo desde el inicio, como parte de un proceso colectivo. Esto implica no sólo tenerlo presente antes de organizar cualquier actividad, sino también en nuestra vida diaria cuando nos relacionamos e intimamos con otros cuerpos.

Cuando se nos discapacita, se nos impide el acceso o se nos excluye de lugares en un sentido amplio, lugares que no son para nosotres y a los que tampoco queremos que se nos dé permiso para entrar. Frente a esto, proponemos extraer el capacitismo de los espacios y, por lo tanto, discapacitarlos a través de procesos de diálogo y corresponsabilidad. En vez de seguir capacitando los espacios según las normas capacitistas, proponemos discapacitarlos bajo nuestras condiciones como discas, unas condiciones que, al ser más amplias, también tienen en cuenta los cuerpos no–discapacitados. Queremos lugares

---

11 Estas pocas medidas consideradas como básicas y de implementación obligatoria siguen obviando la mayoría de cuerpos discas.

sin capacitismo, hechos desde y para nosotres. Lugares que no sean adaptados, sino que rompan con el código capacitista y que sean concebidos desde esta lógica.

La radicalidad que propone la concepción de discapacitar los espacios no debe utilizarse como excusa para no hacer nada, ya que es posible extraer parte del capacitismo de los espacios ya creados y ampliar el acceso. Para ello es necesario iniciar un proceso de responsabilidad compartida que implica tomar conciencia del capacitismo a nivel estructural, ver cómo está operando de forma particular en los espacios en los que formamos parte y buscar asesoramiento de discas que estén trabajando desde el activismo anticapacitista para actuar en consecuencia. Este proceso queda lejos de las prácticas habituales al respecto, en las que siguen predominando los **tiempos** de rapidez impuestos por el capitalismo[12] y en las que el peso del acceso sigue recayendo en nosotres.

12 Discapacitar los espacios no es un proceso lento y difícil en sí mismo, sino que tal y como sigue estructurada la sociedad hoy en día —sin formación ni conciencia en torno al capacitismo y al acceso— este proceso inevitablemente se dificulta y se ralentiza.

↗ "Calidad artística"

Lucía Egaña Rojas

Uno de los conceptos más usados en las convocatorias es el de "calidad artística", que se suele entender como algo estándar y universal, por lo que se hace indispensable cuestionar, buscar y precisar a qué nos referimos con "calidad". ¿Qué se está buscando realmente? Si hubiese que sustituir la "calidad" por algo más preciso en relación a lo que se busca ¿qué diríamos, cómo lo llamaríamos? ¿Cuáles son los objetivos de una convocatoria en términos de calidad?

Al ser un criterio que articula y atraviesa la toma de decisiones, se da por supuesta su objetividad, sin considerar que la "calidad" es un concepto que manejamos desde la estética, la política, la historia y los referentes occidentales. Junto con Dean Spade, apostamos por "un modelo de pensar el poder y la ley que amplíe nuestro análisis sobre los sistemas que administran las oportunidades con criterios supuestamente "neutrales", entendiendo que tales sistemas con frecuencia son espacios donde se producen resultados racistas, sexistas, homófobos, capacitistas, xenófobos y transfóbicos" (Spade 2015, 45). Por ello es importante desmantelar, aunque sea difícil, esta ideología de la calidad que cuenta con siglos de operaciones e imposiciones, para que al final podamos ideologizar lo que agrupa lo que hoy consideramos "calidad". Por lo tanto, sería relevante revisar de dónde viene histórica y geopolíticamente lo que ha construido nuestras formas de leer lo bello y lo estético. Revisar a lo que se le asigna valor y lo que reviste de valor a los objetos, obras o artistas. Esto implica revisar y cartografiar nuestros referentes intelectuales y artísticos, ejercicio que se tendría que hacer no sólo en las institu-ciones culturales sino también en las universidades[13]. Los referentes que de esta forma estructuran nuestra visión y percepción de lo artístico y de lo bello (así como de nuestro deseo), eliminan las raíces y las genealogías, y perpetúan jerarquías que se presentan en binomios simplificados bajo la rúbrica "salvaje–civilizado".

Las jerarquías y centralización de ciertos espacios culturales como legítimos para determinar y distinguir lo que es arte de lo que es artesanía, por ejemplo, o lo que vale o no la pena conservar y mantener intacto en el **tiempo** (y con qué cantidad de cuidados y recursos hacerlo) ha recaído en instituciones como el museo. Se trata de una de las instituciones más emblemáticas del sistema artístico y cultural que ha forjado y definido los cánones universales de lo válido. Pero, tal como indica Françoise Vergès, hay "algo profundamente erróneo en la construcción del museo europeo como un lugar hecho para admirar arte convertido en canon universal. La gran desigualdad en el reparto de museos alrededor del mundo es una consecuencia de esa historia y habla por sí misma: el 61% se encuentra en Europa occidental y Norteamérica, el 18% en la región Asia–Pacífico, el 8% en Latinoamérica y el Caribe, y sólo el 0,8% en África y el 0,7% en los países árabes" (Vergès 2021, 32).

En el informe realizado por Ariza y García y publi-cado por FelipaManuela en Madrid el año 2022, se consigna que una de las personas expertas entrevistadas achacó la falta de representación

---

13 El cómo se valorizan ciertos centros de estudio o ciudades como garante de calidad es algo sobre lo que he reflexionado en el proyecto "Hombre, blanco, cis. Una etnografía de la blan-quitud". También puede ser interesante mapear cómo ciertas instituciones financieras han financiado algunos centros o colecciones específicas, lo cual también va contribuyendo a la formación de ciertos espacios como centrales y como válidos.

"a cuestiones relacionadas con los criterios de selección de las obras. Estos, habitualmente, dejan fuera sensibilidades artísticas de grupos que han tenido más difícil el acceso a los métodos legitimadores artísticos, como puede ser el tipo de educación recibida o la red de personas conocidas. Uno de los criterios que habitualmente está presente en las convocatorias es el de la calidad, el cual está definido desde la academia, y el conocimiento que se aprehende allí tiene una historia profundamente colonial, machista y clasista. Por lo tanto, la no presencia de la creación cultural realizada por las personas migrantes y racializadas en las instituciones culturales tiene uno de sus orígenes en la enseñanza en las facultades de Bellas Artes, dado que ahí se construye lo validado como conocimiento experto y, por lo tanto, se establecen los criterios de lo que es bueno y es malo" (Ariza y García 2022, 39).

Además de esto, hay que considerar que lograr ser admitida como académica en alguna universidad prestigiosa, también está vinculado con demostrar la asimilación de esquemas imperiales del conocimiento (Azoulay 2021, 1). Además, estas mismas universidades importantes, como señala Vergés, presentan una distribución desigual entre las regiones del norte y del sur.

Esta distribución geopolítica se traduce y traslada en los "flujos meritocráticos", lo que refuerza la narrativa de la calidad en tanto algo objetivo, aunque en realidad esté relacionada con una serie de factores más bien arbitrarios o convencionalizados. Muchos de los sellos de legitimidad que están dados por los recorridos hechos (universidades, bienales, eventos, museos, etc.) se valoran de forma muy diferenciada entre sí (no es igual un Museo Nacional de arte contemporáneo en Berlín que en Bogotá por ejemplo). Esto provoca que "los cuerpos racializados en la política, las artes, las universidades y los espacios burocráticos son fácilmente vistos como carentes de las competencias deseadas" (Puwar 2004, 10. La traducción es nuestra). Para Dean Spade (2022), quien no trabaja en el ámbito de la cultura sino del tercer sector, consigna cómo en las organizaciones sin ánimo de lucro profesionalizadas, se suelen buscar a personas "meritorias" cuyas prácticas, competencias y estrategias sean aceptables y útiles, en definitiva, para la élite. En ese sentido el argumento del mérito y la calidad vendría a encubrir una serie de intereses puntuales.

¿Y si sustituimos "competencias" por "calidad"? Siguiendo esta misma línea y profundizando en cómo ciertas posiciones políticas son interpretadas desde una perspectiva identitaria, Lucy Lippard, en referencia a la propuesta de Maura Reilly en el libro "Activismo curatorial", argumenta que en la medida en la que se introducen problemas sociales impulsados por la identidad, estas iniciativas serán atacadas por supuestamente ignorar el factor de la calidad (Corvalán 2021).

En nuestro grupo de trabajo, problematizamos la noción de "calidad" y consideramos la posibilidad de tener en cuenta otras trayectorias. Valorar las autoediciones por ejemplo cuando de editoriales se trata. O cuestionar las jerarquías entre centros de formación, para poder considerar otras trayectorias, más domésticas, o autogestivas. O considerar la legitimidad y los conocimientos de los espacios comunitarios y populares. Y por último valorar también criterios de crítica en las obras, proyectos, artistas, agentes, que prioricen propuestas que provocan y fomentan la transformación de estructuras. Por otro lado, y como medidas que podrían contribuir a la erradicación del ficticio criterio de "calidad artística", se podría cuestionar la estandarización de los dossiers y quitar las cartas de recomendación ya que dan cuenta de una serie de contactos y favores que no son democráticos ni **accesibles** para todas las personas.

↗ Capacitismo

Helena Vinent en diálogo con
Tatiana Antoni Conesa

El capacitismo es el sistema social, cultural, político y económico enmarcado en el pensamiento blanco–occidental mediante el cual los cuerpos son valorados según unos estándares de capacidad y de integridad corporal. Es un sistema que menosprecia las funcionalidades del cuerpo que no se adaptan al modelo productivista y biomédico dominante. Es decir, la lógica capacitista discrimina según las capacidades, dando por hecho que hay ciertas capacidades del cuerpo superiores a otras, generando una única forma natural, normal y deseable de ser humano. Se genera así la categoría de discapacitadas, discriminando a las personas a las que se les otorga dicha categoría, una categoría que implica ser expulsades (en mayor o menor medida) de la esfera pública y privada. En este sentido, lo que se entiende como capacidad y discapacidad es un constructo social y un sistema de opresión: una persona no es esencialmente discapacitada, sino que tiene unas diferencias respecto a la norma establecida. Es a través de su interacción con el entorno y como éste la categoriza, la limita y la discapacita, que se construye la noción de discapacidad.

Pese a eso, la discapacidad continúa siendo concebida desde la mayoría de los sectores sociales como un problema o un defecto individual que hay que rehabilitar, curar o eliminar, y con el que cada une se tiene que adecuar, en vez de cuestionar el capacitismo como sistema opresor. Pero no poder entrar a un espacio, no tener acceso a un contenido, que no se respeten otros **tiempos**, otras formas de ser, de hacer y de estar, y que no se tengan en cuenta los cuerpos discas en las redes afectivas e íntimas no es un problema individual. Significa que hay un sistema y unas formas de funcionar hegemónicas que nos están expulsando de la esfera social. Aunque parece algo obvio, es fundamental insistir en la construcción social de la discapacidad. Mientras que el género y la raza son comúnmente consideradas categorías sociales que funcionan como ejes de opresión, no ocurre lo mismo con la capacidad: les discas continúan concibiéndose como cuerpos y mentes "defectuosos, carne de quirófano, de rehabilitación o de encierro" (García–Santesmases y Sanmiquel–Molinero 2021, s/n). Según James L. Cherney (2011, 3–4), quienes quieran socavar el pensamiento capacitista tendrán que ir más allá de los fundamentos retóricos limitados por las suposiciones de este mismo pensamiento. Sólo así se podrá reconocer el capacitismo como una perspectiva destructiva y peligrosa, afirma el autor. El régimen capacitista, pese a estar muy presente, opera en una estructura casi imperceptible. Las exclusiones que hacemos y que recibimos las percibimos como algo normal y aceptable. Incluso cuando somos conscientes de ellas, nos parecen algo natural e inevitable, como si esta fuese la única forma posible de que el mundo y la estructura social funcione. En la misma dirección, Wolbring señala el capacitismo como "uno de los '–ismos' más arraigados y aceptados socialmente" (Wolbring y Guzmán 2010, 2) siendo sus efectos excluyentes apenas percibidos o cuestionados.

Incluso les propies discas caemos en el discurso de que el capacitismo es un mal menor que no merece ningún tipo de atención política o intelectual. Esto a menudo nos ha llevado a intentar esconder y negar nuestra discapacidad y nuestras necesidades, haciendo creer al resto que somos igual de competentes –hablando en términos capacitistas– o, que con los apoyos necesarios, podemos llegar a ser "capaces". Lo que vendría a decir: "el capacitismo no me afecta porque yo puedo con todo". Este discurso de superación –causante de una frustración psicológica y física constante– es seguramente el discurso capacitista más generalizado, directamente relacionado con una interiorización del prejuicio que nos empuja a querer adaptarnos a un sistema que, o bien nos intenta moldear, o bien nos expulsa porque no cumplimos con los estándares del ser humano pleno y civilizado.

En referencia a esto, Fiona Campbell presenta la distinción ontológica que realiza el capacitismo entre lo humano y lo no humano, incluyendo los cuerpos discas en la segunda categoría. Entiende estos cuerpos no sólo como aquellos que quedan fuera de lo humano –y que, por lo tanto, son descartados– sino como algo fundamental para referenciar lo humano y lo normal. Les discas tenemos un lugar, el de ser el límite que "asegura la realización performativa de lo normal" (Campbell 2008, 5. La traducción es nuestra). En esta sociedad, aquellos que se ajustan al estándar establecido por el sistema capacitista son percibidos como individuos plenamente humanos. A quienes no lo hacen, se les discapacita y se les percibe como menos, inferiores a seres humanos completos. En este sentido, que se te conceda la categoría de humane no es un hecho que se pueda dar por sentado, sino que es una concesión política que sólo se otorga a quién se ajusta a una serie de normas. Bajo el prisma capacitista, lo que define a un ser humano es su lugar en el sistema de producción, reproducción y relación en un escenario que actualmente se nutre "de la necesidad del capitalismo de crear y fomentar la idea de cuerpo eficaz, que es capaz de producir un beneficio económico y social máximo" (Guerra 2021, 23). Considerando estas cuestiones , el cuerpo discapacitado no encaja en esta categorización: las características inscritas en el individuo humano y las estructuras que las respaldan difícilmente nos representan.

No pertenecer a la categoría de humanes resulta en la sistemática **exclusión** de la mayoría de los espacios. De hecho, el capacitismo está directamente ligado a la negación de nuestros supuestos derechos básicos. Dada la arraigada aceptación social del capacitismo, estamos en una sociedad capacitista donde nadie asume sus propias prácticas discriminatorias. "Perdona, no habíamos pensado en los cuerpos discas y en su acceso para este evento, ya que no nos esperábamos que nadie nos pidiera esto que nos pides. Pero ven igualmente y vemos, seguro que no es para tanto", nos responden cuando preguntamos por el acceso a una actividad[14]. O incluso: "Tomaremos en cuenta esto para la próxima ocasión, gracias por señalarlo"[15]. Siempre a la espera de un "próximo" que nunca llega. Ahora nosotres somos el *Waiting* de Faith Wilding [16]. Como en la performance de Wilding, parece que les discas hemos estado permanentemente esperando acceso para que nuestras vidas puedan realmente comenzar. Desde el anticapacitismo, buscamos

14 Este tipo de respuestas que recibimos refuerzan la concepción de que les discas no llegamos a la categoría de humanes ya que ni siquiera se ha pensado en la posibilidad de nuestra existencia en la esfera social y pública.

15 Y esto, en el mejor de los casos. La mayoría de veces, cuando escribimos por correo a la organización de una actividad preguntando por medidas de accesibilidad, no obtenemos respuesta. Esto se debe a que casi no hay personas formadas en acceso y anticapacitismo que puedan hacer frente a estas demandas, tampoco suelen existir direcciones de correo específicas para estas cuestiones.

16 "Waiting" es una performance que la artista Faith Wilding realizó en 1972 en el California Institute of Arts, la *Womanhouse* en el contexto feminista de los 70 de Estados Unidos. En esta performance Wilding realiza un monólogo de 15 minutos que condensa toda la vida de una mujer en un ciclo monótono y repetitivo, manifestando cómo sus expectativas se limitan a esperar a que su vida comience mientras se mantiene al servicio de la vida y de las decisiones de los demás. El registro de esta performance se puede ver en el documental "Not for sale" (1998) de Laura Cottingham.

subvertir esta espera y dejar de depender de un sistema que nos ignora y rechaza. Proponemos organizarnos y crear estrategias que desmantelen la idea de normalidad funcional que estructura el mundo en el que vivimos.

↗ Condiciones laborales

Lucía Egaña Rojas y Giuliana Racco

No me recortes el salario, quítatelo de tu vestuario.
Territorio Doméstico

El tema de las condiciones laborales se conecta de forma directa con la pregunta sobre quiénes forman parte de las instituciones, centros de arte o espacios culturales, y de qué forma lo hacen. A través de las condiciones laborales se van estableciendo "rangos" entre quienes ofrecen un servicio puntual cobrando por medio de una factura y quienes trabajan permanentemente con sistema de contratación y/o de forma indefinida. Muchos equipamientos culturales cuentan con funcionarios y trabajadores estables, pero no todas las personas parecen tener acceso a encarnar esos roles.

La mayoría de las personas que producen contenidos en las instituciones, ya sean artistas, productores de programas temporales, talleristas, ponentes en conferencias y mesas redondas, curadores invitados, entre otros, ofrecen un servicio concreto que se cobra mediante una factura y que no cuenta con mayores garantías laborales (si te enfermas no cobras). Este sistema laboral de precarización, causa una serie de dificultades que se traducen en que el poder participar del sistema de la cultura produciendo arte sea, en muchos casos, un privilegio. Si bien

"es a través de los trabajos por cuenta propia como se contribuye a que haya más **diversidad** en las instituciones culturales [...] estos contratos son una gran fuente de precariedad. La persona que los lleva a cabo no suele contar con un espacio propio de trabajo en la institución. [Normalmente] se paga tras la realización del servicio. Esto se convierte, en numerosas ocasiones, en un gran inconveniente para aquellas artistas que estén en una situación de fragilidad económica, las cuales suelen ser personas migrantes y racializadas, como demuestran diferentes estadísticas" (Ariza y García 2022, 43).

Resulta de gran violencia que muchas instituciones contemplen el cobro retrasado y absolutamente burocrático cuando se trata de pagar un trabajo. A veces los modos de cobrar son igual o más laboriosos que el propio trabajo encargado, demandando más **tiempo** y un tipo de actividad que no se incluyó en el encargo. Esto precariza a las artistas y a la vez selecciona de forma cruel quiénes pueden o no trabajar para las instituciones culturales. Una persona con situación administrativa irregular, o con otras condiciones, no podrá acceder a esas labores.

Un tema que ha surgido con mucha insistencia en nuestro grupo de trabajo es el de la redistribución del tiempo. Un tiempo que no absorba la vida, con jornadas laborales que no sean de ocho horas como mínimo. La posibilidad de reducir el número de horas de trabajo se dificulta especialmente porque muchas de las tareas precarizadas se cuantifican en relación a un resultado (la producción de algo concreto, la ejecución de una actividad determinada donde su preparación es difícilmente contabilizable). Esto se traduce en jornadas laborales inconclusas, extensas y expandidas. En nuestros debates surge la propuesta de que una forma para revertir esta situación podría ser reducir la cantidad de responsabilidades autónomas. La idea sería establecer contratos que, aunque sean de corta duración o en un breve espacio de tiempo, garanticen condiciones mínimas. Debería ser una responsabilidad institucional, la de buscar la figura adecuada para contratar por períodos breves a quienes realizan tareas al interior de ellas. Se trata de un modelo que implementan muchas cooperativas y que las instituciones podrían y deberían replicar si se plantean afectar lo posible e inmediato.

Además, numerosos centros e instituciones operan a través de intermediarios, empresas que tienen la función de gestionar los pagos y/o realizar las subcontrataciones. Establecer un diálogo con las instituciones en esas condiciones resulta complicado, y muchas ocasiones, la presencia de intermediarios conlleva un deterioro de las propias condiciones laborales.

Respecto a los trabajos que no son remunerados, insistimos que es una muy mala práctica. No deberían existir personas ni roles, ya sea en instituciones públicas o privadas, así como por parte de agentes culturales, cuyo trabajo no sea remunerado. Hay que diferenciar entre becaria (a quien se le exige como parte de su formación desempeñar unas horas de trabajo) y una voluntaria (quien decide voluntariamente dedicar un tiempo al desempeño de un trabajo). En el caso de las becarias, resulta extremadamente problemático considerarles como "mano de obra gratuita", aprovechando un sistema educativo neoliberal que forma a individuos para un campo cultural en el cual hay que trabajar para poder trabajar, es decir, pagar con el tiempo para trabajar. En este sentido los pagos con "visibilidad", "reconocimiento", "aporte de redes", "oportunidades futuras", etc. NO SON FORMAS DE PAGO. Las horas trabajadas se pagan con dinero.

Un ejercicio interesante sería considerar los beneficios de establecer un salario equitativo para las distintas funciones/tareas del espacio cultural. Comisarias, limpiadoras y vigilantes recibirían una compensación igualitaria. El unificar los salarios en una institución implicaría la uniformidad de la medida del trabajo (¿por hora?) y plantearía preguntas interesantes en torno a cómo contabilizar horas y entender esto como parte de una pregunta que interpela nuestras perspectivas y diferencias.

Así mismo sería interesante poder decidir ser parte de una junta o de una estructura administrativa. Por ejemplo, podría ofrecerse la posibilidad de asignar una parte de la jornada de la semana laboral a tareas administrativas o comprometerse de manera más integral con la estructura. Poder opinar de la estructura y ser parte de ella podría ser significativo a la hora de abordar el equipamiento cultural incorporando las miradas de todas las personas que lo conforman. Esto también abre la pregunta en torno a qué pasaría si las funciones y cargos fueran rotativos o circulares.

↗ Diversidad

Lucía Egaña Rojas

Es cierto que la responsabilidad de la diversidad y la igualdad está distribuida de forma desigual.
Sara Ahmed

La palabra diversidad proviene del latín *diversitas* (que significa abundancia o múltiplicidad) y del *divertere* (que se traduce como "girar en dirección opuesta"). Se define como "variedad, desemejanza, diferencia" o "abundancia, gran cantidad de varias cosas distintas".

La historia de la diversidad podría ser entendida como la genealogía de la **inclusión** de lo diverso en algunas instituciones. "La diversidad estaría institucionalizada cuando se convierte en parte de lo que ya hace una institución, cuando deja de causar problemas. Algunas universidades de Estados Unidos tienen ahora 'oficinas de diversidad institucional'" (Ahmed 2012, 27. La traducción es nuestra). Siguiendo esta línea, ¿sigue siendo diverso lo que ya ha sido incorporado a una institución? ¿Diverso a qué? ¿Qué criterios definen la diversidad?

Sin embargo, esta diversidad, este concepto de "lo" diverso[17] empieza a manifestarse en cuerpos específicos. De

---

17 Traemos a colación esta reflexión de Felipe Rivas (2011) sobre "lo queer" que puede aportar miradas y difracciones en torno al término que nos ocupa: diversidad. "El sintagma 'lo queer' conjuga el artículo neutro lo, con la palabra anglófona queer, produciendo la sustantivación de un término que, en inglés, se constituyó primariamente en un adjetivo, y más recientemente en un verbo (to queer). La versión anglófona de 'lo queer', sería más propiamente el reciente término 'queerness', que denotaría algo así como 'el carácter de queer'. [...]. Los efectos

alguna forma, la diversidad se encarna en sujetos que la presentan como característica de sí mismos[18]. En esos términos, "Valorar la diversidad implica valorar a quienes pueden 'ser escuchados y actuar' bajo su nombre" (Ahmed 2012, 29. La traducción es nuestra). Por lo tanto, aquellos que encarnan la diversidad muchas veces son invitados a hablar en representación de toda su diversidad, como si sus palabras fuesen la voz y representación de todo lo que es diverso.

Para Ahmed, la diversidad se compone de un conjunto de prácticas que pueden ser objeto de interrogación en cuanto a cómo estas contribuyen en la creación de una "idea de la institución que permite pasar por alto el racismo y las desigualdades" (Ahmed 2012, 13–14. La traducción es nuestra). En ese sentido, muchas instituciones y organismos están utilizando el modelo de consulta a "personas diversas" en torno a un proceso creativo o la producción de un evento cultural. Esta práctica no implica ningún cambio estructural a priori, sino que opera como un gesto de escucha, como una propuesta de consideración de ciertas voces que pueden o no ser atendidas en la práctica, las convocatorias o documentos que son redactados. Esta práctica también se

gramaticales que le ocurrirían a un adjetivo al ser antecedido por el artículo 'lo' son, en primer lugar, su sustantivación y en segundo, la neutralización o indeterminación de su género y cantidad. La indeterminación gramatical de 'lo queer' en castellano, determina la imposibilidad de referirse a un particular específico. Podemos preguntar '¿Qué es lo queer?', pero no ¿Cuál es lo queer? porque las reglas del lenguaje nos lo impiden. Lo que me interesa señalar es que esa vaguedad gramatical del sintagma 'lo queer' funciona como metáfora lingüística de la indeterminación y confusión analítica que subyace en los textos y publicaciones que se han abocado a 'pensar lo queer en América Latina' (Rivas, 2011, 61). Podríamos pensar en transferir esta indeterminación a "lo diverso", puesto que resulta tan difícil de ser definido si no es en relación a un "uno" que no lo es.

18 "Ustedes ya encarnan la diversidad al proporcionarle a una institución llena de blanquitud el color" (Ahmed, 2012, 4. La traducción es nuestra).

puede considerar a veces una forma de **extractivismo**, ya que quien realiza la obra, evento o programa, sigue siendo alguien no afectado por la opresión que quiere considerar. De esta forma se le pide información a alguien afectado (migrante, racializado, disca, trans, entre otras opciones), pero siguen personas privilegiadas realizando la actividad y ocupando ese espacio de enunciación. Ahmed advierte sobre los riesgos de la consulta, ya que

> "puede legitimar el documento como colectivo sin serlo necesariamente. Cuando la consulta se convierte en una rutina, no significa que las organizaciones la utilizan realmente para cambiar lo que hacen (se puede recibir información sin comprometerse con la información recibida). En otras palabras, las organizaciones pueden consultar para decir que han consultado. La consulta puede ser, por tanto, una tecnología de inclusión: se incluye a 'los otros' en la legitimación o autentificación del documento, se incluyan o no sus opiniones" (Ahmed 2012, 94. La traducción es nuestra).

Por otra parte la lógica de las consultas de alguna forma permite adquirir ciertas garantías en el ámbito público, al declarar que eso que se presenta (sea un proyecto artístico, una convocatoria, una actividad) de alguna forma fue "aprobado" por alguien que asegura que sus principios son válidos para la comunidad entera a la que parece representar aquella persona consultada.

Otros términos son utilizados para abordar esta idea de diversidad que opera como un blanqueamiento de lo único, hegemónico y homogéneo, como por ejemplo disidencia (acompañado de sexual o de sexo–genérica), divergencia (adjetivando a neuro), entre otros. En estos casos hay a veces un componente que en cierta medida patologiza a algunas de estas comunidades. Pero lo que es claro es que, más allá de las formas de concebir en otros contextos a lo distinto, el pensar en la inclusión de la diversidad en el ámbito de la cultura asume que un pasado desigual precede a este escenario que aboga por la justicia. Para que en el ámbito de la cultura podamos plantearnos una dimensión pluralista y participativa, y para que la entendamos como algo que será transformador, debemos tener consenso y naturalizar que hasta ahora todo el arte ha sido realizado por un tipo de personas muy específicas. Lo que en el ámbito cultural es transformador, para otras disciplinas es apenas una práctica correctiva.

↗ Equidad

Giuliana Racco

Igualdad y equidad comparten la misma etimología, ambos derivan del latín *aequitas*, que proviene de *aequus* (que significa igual). Ambos términos han adquirido relevancia en la lucha por la justicia social. Como explica el experto en **diversidad** e igualdad, Yamam al–Zubaidi, desde una perspectiva histórica, la igualdad fue reconocida como un derecho humano básico mediante las normativas nacionales europeas (1948–1958), en sintonía con la Declaración Universal de los Derechos Humanos (DUDH). La primera cláusula de igualdad de género fue incorporada en el Tratado de Roma de 1957 (al–Zubaidi, en prensa). Escribiendo en ese momento, Arendt afirmó, en su libro *Los orígenes del totalitarismo*, la necesidad de luchar colectivamente por la igualdad afirmando, "La igualdad, a diferencia de todo lo que implica la mera existencia, no nos es dada, sino que es el resultado de la organización humana en cuanto se guía por el principio de justicia. No nacemos iguales; nos volvemos iguales como miembros de un grupo en la fuerza de nuestra decisión de garantizarnos derechos mutuamente iguales" (Arendt 1958, 300. La traducción es nuestra).

Si en el pasado, las revoluciones clamaban por la igualdad, se ha vuelto evidente que esta es absolutamente, lo que ha llevado a una transformación hacia el concepto de equidad. La principal diferencia entre igualdad y equidad es que la igualdad implica que todos están al mismo nivel y alude a una distribución idéntica. Por otro lado, la equidad representa la justicia, o lo que podría llamarse la igualdad de resultados. Según el Social Science and Humanities Research Council de Canadá la equidad significa que

"las personas de todas las identidades reciben un trato justo y se garantiza que los procesos de asignación de recursos y toma de decisiones no discriminen por motivos de identidad. Implica desafiar las barreras y sesgos sistémicos, y puede implicar brindar diferentes niveles de apoyo a las personas para que puedan acceder o participar plenamente y beneficiarse de un programa o proyecto de investigación. Para lograr esto, todas las personas que participan en el ecosistema de investigación deben desarrollar una sólida comprensión de las barreras históricas y sistémicas que enfrentan las personas de grupos desfavorecidos o subrepresentados (p. ej., mujeres, personas con discapacidades, pueblos indígenas, minorías raciales, la comunidad LGBTQ2S+) y poner en marcha medidas impactantes para abordar estas barreras. Esto implica tener en cuenta aspectos del sistema que han puesto en desventaja a grupos particulares"[19].

Es decir, la igualdad significa que cada individuo o grupo de personas recibe los mismos recursos u oportunidades; la equidad reconoce que cada persona tiene circunstancias diferentes y asigna los recursos y oportu-

19 "Guide to Including Diversity Considerations in Research Design for Doctoral and Postdoctoral Award Applicants." Social Sciences and Humanities Research Council, June 21, 2022, https://www.sshrc—crsh.gc.ca/funding—financement/apply—demande/guides/doctoral_postdoctoral_edi_guide—doctorat_postdoctorales_guide_edi—eng.aspx. Social Sciences and Humanities Research Council Consejo de Investigación de Ciencias Sociales y Humanidades) es la agencia federal canadiese de financiación de la investigación que promueve y apoya la investigación y la formación en humanidades y ciencias sociales.

nidades exactos que se necesitan para alcanzar un resultado igualitario.

Según al–Zubaidi, "la igualdad se construye sobre la idea de comparación, mientras que la equidad no requiere comparación, por lo que es justo cuando obtengo lo que 'merezco', o aquello a lo que 'tengo derecho'. La equidad suele manifestarse en las democracias liberales a través de cuotas de representación en el contexto político o derechos de grupo –estos normalmente se limitan a los pueblos indígenas debido a la persecución histórica" (al–Zubaidi, en prensa). La tradicional idea de "igualdad de oportunidades" se acerca mucho a la noción conservadora de "igualdad de trato", mientras que una real igualdad de oportunidades está más cerca de una noción progresista de equidad o justicia.

Sin embargo, el enfoque de equidad también plantea preguntas, como nota Sally Fenaux Barleycorn, tales como: ¿Quién define lo que los demás necesitan? ¿Quién define lo que cada une en su diferencia necesita desde su propio contexto?[20] La institución no podría decidir cómo aplicar equidad en sus procesos debido al estado de desconocimiento y su limitante monoculturalidad. Por ejemplo, las instituciones culturales y de conocimiento gozan de la reputación de ser espacios democráticos y "libres" en términos de expresión y búsqueda del conocimiento. Sin embargo, Frances Henry, en *The Equity Myth*, al analizar casos específicos de universidades canadienses afirma que "Dichas creencias respaldan la negación generalizada de la existencia del racismo. Sin embargo, académicos de grupos no blancos, así como académicos indígenas, cuentan una historia diferente, en la que la negación del racismo

---

20 Estas preguntas surgieron en medio de las discusiones del grupo de trabajo de esta investigación durante el primer semestre del año 2022.

es también la negación de la equidad" (Henry, 2017, 3. la traducción es nuestra). Para disipar el mito de la igualdad y la equidad en las esferas cultural y académica, es crucial abordar el racismo, la misoginia, el **capacitismo**, la trans y la homofobia que prevalecen allí. Solo entonces se pueden dar pasos hacia algún tipo de justicia.

↗ Extractivismo

Lucía Egaña Rojas

Habitualmente, el extractivismo se define como la explotación de recursos naturales o materias primas sin procesar, con el objetivo unilateral de beneficiar a una entidad que se dedica a procesar dichas materias o a agregarles cierto valor. Sin embargo, esta definición resulta incompleta y engañosa, ya que, por un lado, considera a la tierra como un recurso a disposición de la humanidad, y, además, excluye todo un universo de posibles eventos extractivos que trascienden lo material. Además sería necesario agregar que las relaciones extractivas implican una jerarquía entre las partes, en la que aquella que se beneficia a través de la explotación de la otra suele ocupar una posición superior, ya sea en términos económicos, epistémicos o de otro tipo.

En el norte global se acumulan las capas sedimentarias de las instituciones culturales, la mayor cantidad de museos e instituciones culturales de amplia reputación se encuentran distribuidos en estos territorios. Los museos en tanto estandartes de la memoria, van estableciendo también una jerarquía de los recorridos que otorgan reputación y validación. A la vez, la colonialidad y la usurpación presentes en la distribución estratégica de los objetos en estas instituciones, al ser productos del expolio material, epistémico, simbólico y espiritual, también establecen una relación directa entre extractivismo y espacios culturales. La historia del museo como institución es la historia de una reiterada práctica extractiva, y si bien recientemente en algunos espacios europeos se ha comenzado a debatir en torno a la devolución de elementos robados[21], faltaría deconstruir de forma mucho más profunda las estructuras que habilitaron y siguen sosteniendo el expolio institucional.

El extractivismo presente en las formas de coleccionar y archivar que tienen los museos y muchas instituciones culturales, se traduce en un borramiento de historias, identidades y cuerpos concretos. Y estas políticas del expolio se van actualizando hoy de distintas formas en el espacio cultural: no pagando a artistas de países del sur global o a aquellos sin condiciones administrativas para cobrar monetariamente; precarizando las labores de limpieza y mantención que realizan personas migrantes y racializadas; financiando con recursos producto del extractivismo material de territorios explotados; apropiándose de luchas políticas y sociales bajo la forma de contenidos y programación... Por lo tanto estamos hablando de una lógica extractiva que atraviesa distintos niveles de los espacios institucionales de la cultura. A continuación intentaremos abordar muy brevemente algunas de las formas extractivas que se dan en las instituciones culturales y que hemos mencionado en esta breve enumeración más arriba.

Relaciones entre norte y sur: Muchas veces sucede que instituciones occidentales, mayoritariamente ubicadas en el norte pero no sólamente, cuando trabajan en colaboración o financiando eventos culturales junto a artistas, instituciones, centros de arte, organizaciones e incluso activistas del sur, no sólo imponen sus formas de trabajo (lo que incluye normas administrativas, protocolos, temporalidades, etc.), sino que también dejan de remunerar algunos de los trabajos. Por ejemplo, es posible asistir a exposiciones donde han sido remuneradas las labores de curaduría o comisariado

---

21 Nos referimos a casos como el del encargo del gobierno francés a través del informe Sarr, F., & Savoy, B. (2018). Rapport sur la restitution du patrimoine culturel africain. Vers une nouvelle éthique relationnelle.

e investigación, sin embargo los derechos de las obras o la producción de contenidos no lo ha sido, especialmente cuando estos contenidos no son necesariamente "artísticos" sino que pueden ser más vinculados a lo artesanal o activista. Esto tiene que ver con una jerarquía del trabajo que valora algunas funciones por sobre otras, privilegiando a la vez ciertas formas de trabajo que son consideradas como más complejas y valiosas que otras, incluyendo aquí a lo que si hablásemos de cuestiones materiales, consideraríamos la labor de los intermediarios (curadores, investigadores, personal administrativo de las infraestructuras). En este sentido y ante un evento artístico que incluyera contenidos provenientes del sur, valdría la pena preguntarse ¿dónde repercuten los dineros que son distribuidos a través de esta exposición? ¿Existe una retribución justa que afecta a los sectores (geográficos y sociales) de donde provienen los contenidos?

Cuidados y sostenimiento material de las infraestructuras: Si pudiéramos contabilizar y mapear quiénes realizan las labores de cuidados y sostenimiento material en las instituciones culturales, nos encontraríamos con que muchas personas migrantes y racializadas se encuentran principalmente desempeñando esas funciones, y no otras. Al cuestionar la historia de saqueo de los museos, de las piezas que hay en las colecciones históricas y el borrado de las historias e identidades de las personas que habitan esos espacios, se hace necesario también actualizar ese debate, y ver qué cuerpos y energías vitales son explotadas hasta la actualidad con tal de sostener materialmente las instituciones culturales. Esto implica reformular las prioridades, relevar la presencia de ciertos cuerpos, y entender que la explotación ha sido un signo histórico de las instituciones culturales que se mantiene vivo hasta hoy. La historia de los museos es colonial y ladrona, y continúa borrando los orígenes de las materias e ideas sosteniendo jerarquías como la de "salvaje–civilizado".

OTRA CUESTIÓN
INTERESANTE ES PRE-
GUNTARSE DESDE QUÉ
POSICIONES ESTÁN
HABLANDO LAS PERSO-
NAS ENCARGADAS DE
LOS PROYECTOS CUL-
TURALES QUE ABORDAN
COMUNIDADES O EJES
DE OPRESIÓN. VALE
LA PENA PREGUNTAR
CÓMO ESTOS ESPACIOS
E INICIATIVAS SE VIN-
CULAN A LAS LUCHAS,
Y CUÁL ES SU POSICIÓN
AL RESPECTO. EN ESE
SENTIDO SE VUELVE NE-
CESARIO RADICALIZAR
EL CONCEPTO DE "PEN-
SAMIENTO SITUADO" Y
LLEVARLO A LA ACCIÓN
COMPROMETIDA DESDE
LA POSICIÓN QUE TIENE
CADA UNE.

Financiación de exposiciones: Por otra parte, también es necesario cuestionar el financiamiento de las exposiciones en conexión a las políticas extractivas. Frecuentemente, los fondos utilizados para respaldar actividades culturales provienen de fundaciones o empresas que mantienen prácticas coloniales o violentas en los territorios y por lo tanto, extractivas. Es importante explicitar también quién paga la cultura o preguntarse quizás, con la sangre de quién se produce el arte que vemos.

Extractivismo temático: Otra cuestión interesante es preguntarse desde qué posiciones están hablando las personas encargadas de los proyectos culturales que abordan comunidades o ejes de opresión. Vale la pena preguntar cómo estos espacios e iniciativas se vinculan a las luchas, y cuál es su posición al respecto. En ese sentido se vuelve necesario radicalizar el concepto de "pensamiento situado"[22] y llevarlo a la acción comprometida desde la posición que tiene cada une. Con frecuencia, se tematizan problemas o luchas históricas que aluden a violencias estructurales. Tematizarlas las despoja de su dimensión histórica, y de esa forma es que empiezan a responder a la lógica del ansia institucional que sigue devorando asuntos como si fueran novedades. Esto genera una práctica de apropiación de luchas o de conflictos sociales que en el espacio institucional se despolitizan, vacían y debilitan. Las instituciones producen una suerte de obsolescencia programada de los contenidos, de las luchas o de las demandas históricas para revertir ciertas injusticias estructurales.

Modelos de explotación y consumo insostenibles: Observamos cierta voracidad productiva por parte de muchas instituciones. Se produce una cantidad de actividades

---

22 Una idea vinculado con este pensamiento situado puede escucharse en la charla de Marta Malo *Cuidado en vena* en Tabakalera el año 2022: https://www.tabakalera.eus/es/ver—leer—escuchar/contenidos/cuidados—en—vena/ (consultada en febrero 2023).

que no se condicen ni con las condiciones materiales de remuneración ni con las capacidades de consumo cultural de las comunidades. Muchas veces esto provoca que se realicen eventos o festivales con un exceso de producción a la vez que se naturaliza el hecho de remunerar pobremente o de desatender los cuidados hacia las trabajadoras culturales. Consideramos que estas dinámicas también son parte de un sistema extractivista ya que elude un debate en torno a la sostenibilidad aplicada al ámbito supuestamente "inmaterial" de la cultura. Estas dinámicas de consumo desenfrenado, donde poca gente asiste a algunas de las muchas actividades que se ofrecen, van de la mano de un sistema completo en el que el exceso requiere de mayor extracción.

PD: ¿Qué significa que los museos de lo que se denomina "norte global" tengan calefacción en invierno y aire acondicionado en verano, así como luces interiores y exteriores encendidas durante el día y la noche? ¿De dónde proviene toda esa energía? ¿No podría ocuparse para otras cosas o directamente no usarse? ¿Qué territorios se ven afectados por esas políticas del consumo energético?

↗ Gestión de recursos

Giuliana Racco

No hay que banalizar el acceso a ciertos recursos que ofrece la "ciudadanía", en especial derechos políticos.
Fátima Aatar

Al proponer una investigación sobre los criterios de "gestión de recursos" primero debemos aclarar a qué nos referimos cuando hablamos de recursos. Se trata de un término extremadamente amplio y con muchos matices que refiere a un amplio repertorio de elementos, tales como recursos humanos, materiales, naturales e intelectuales, entre otros. Etimológicamente, el término proviene del latín *recursos* compuesto de el prefijo *re* (hacia atrás, reiteración) y *cursus* (carrer), y que significa "acción de recurrir a bienes o medios de que dispone alguien para realizar algo".

En lo que a esta investigación se refiere, definimos recurso como todo aquello que de forma tangible o intangible, concreta o abstracta, natural o artificial, material, intelectual o espiritual contribuye a la investigación, creación y disfrute de la cultura por parte de sus creadores, sus mantenedores y su público. Así como a las reservas o suministros de dinero, materiales, personal y otros activos que una institución u organización puede utilizar para operar y/o distribuir, como dinero, alimentos, energía, etc. para la producción cultural, su mantenimiento, su programación, su comunicación, y para garantizar su acceso a todo tipo de público y trabajadores. Una tendencia al examinar la asignación de recursos en la esfera cultural se refiere a comprender qué se puede hacer con los recursos reales tangibles e intangibles "disponibles" (la disponibilidad siempre es subjetiva y discutible). Somos conscientes de que esto se traduce en cambios a corto o medio plazo, y, a menudo, cosméticos. Nuestro deseo con esta propuesta, en cambio, es provocar transformaciones a nivel estructural. Aunque no es posible vislumbrar lo que vendrá en términos de producción cultural, dado que se encuentra en la misma naturaleza experimental y vivencial de la producción artística, podemos comenzar a imaginar cómo las estructuras e instituciones actuales pueden abrirse o incluso derrumbarse para garantizar un acceso más amplio, tanto para los productores culturales como para el público y el personal.

Planteamos, basándonos en algunas conversaciones del grupo de trabajo, que los llamados recursos públicos podrían redistribuirse comunitariamente, siendo que por comunidad entendemos a la comunidad artística, la comunidad física donde se encuentra ese espacio o equipamiento, las trabajadoras, y las personas involucradas, usuarias y participantes de las actividades o acciones.

También es importante señalar que no consideramos el **tiempo** como un recurso. La hiperproducción de actividades impide dedicar más tiempo a la estructura interna de los espacios o equipamientos. Insistimos que las instituciones nos han extraído el tiempo ¿Cómo podríamos recuperar o eludir este sistema extractivo, al tiempo que tenemos cuidado de que no todo se transforme o se reduzca a trabajo? ¿Es posible desarrollar prácticas de cuidado tanto para les visitantes como para trabajadoras, quienes forman parte de los recursos humanos de las mismas instituciones? Nos preguntamos ¿cuáles son los recursos humanos del contexto artístico–cultural? ¿Cómo se reducen las estructuras (institucionales, burocráticas, etc.) necesarias para "hacer arte"? Esto, sin mencionar las reflexiones en torno a los recursos materiales y energéticos.

En cuanto a los recursos humanos, parece que la estructura piramidal y voraz de las instituciones culturales considera a los artistas y productores culturales, así como al personal de mantenimiento, como recursos renovables. En el primer caso, se asume que siempre habrá alguien deseoso de visibilidad (reconocimiento, visibilidad, posibilidad de establecer conexiones) y, que no es necesario garantizar/cubrir las necesidades básicas (como honorarios, dietas, alojamiento, viajes, refugio, etc.) de aquellos que apoyan la estructura a través de su trabajo conceptual/artístico y la provisión de contenidos. Este tema se conecta con una larga lucha para establecer tarifarios, buenas prácticas, etc., llevado por grupos de artistas a lo largo de las últimas décadas, como los icónicos casos de AWC[23] y W.A.G.E. (New York[24]), entre otros.

23 Fundada en 1969 en Nueva York, Art Workers' Coalition fue una coalición abierta de artistas, cineastas, escritores, críticos y personal de museos con objetivo de presionar a los museos de la ciudad para que implementaran reformas económicas y políticas.

24 Fundada en 2008, Working Artists and the Greater Economy con sede en Nueva York, es una organización activista enfocada en establecer una relación laboral sostenible entre artistas y las instituciones que contratan sus trabajo. A falta de regulaciones estatales y vigilancia W.A.G.E. introduce mecanismos de autorregulación en el campo del arte contemporáneo tanto para instituciones como para artistas.

↗ In/exclusión

Giuliana Racco

El foco en la inclusión, propio de las campañas por las leyes antidiscriminatorias y sobre los delitos de odio se fundamenta en la estrategia de la sonrisa; lo que dicen en definitiva es "somos como tú, no nos merecemos este trato diferente por culpa de esta única característica", los modelos que se eligen entonces para visibilizar esto son los inmigrantes legales y blancos, profesionales, ignorando a aquellas personas que sufren los mayores niveles de vulnerabilidad.
Dean Spade

La palabra 'inclusión' representa la acción y el efecto de incluir, que deriva del latín *includĕre*, que significa "poner algo dentro", y se define como "colocar algo o a alguien dentro de una cosa o de un conjunto, o dentro de sus límites", como "contener a otra cosa o llevarla implícita". En este sentido, el concepto de inclusión incorpora a su contrario, y funcionan así de forma interdependiente. Desde una perspectiva fronteriza "la exclusión y la inclusión son los productos de un régimen de 'b/ordering' que divide entre lo interno y lo externo. La exclusión convierte a las personas en otros, y niega en ellos la subjetividad y participación en comunidades" (Schimanski y Wolfe 2017, 160. La traducción es nuestra). El término remite en primera instancia a la delimitación de un adentro y un afuera específico, que podríamos pensar de diversos modos y aplicado a muchas estructuras e instituciones (desde una casa al territorio específico de un estado–nación) y en ese sentido es que también de alguna forma se están poniendo ciertas condiciones de "entrada" a los espacios de inclusión. Es interesante entonces repensar el término, ya no como un mero acto de "invitar" personas a formar parte de una interioridad que se habita, sino pensar seriamente en aquellas condiciones que se les exige, así como entender factores de asimilación, sometimiento, o **integración**.

En todos casos, la binariedad entre inclusión/exclusión oculta una gran cantidad de violencia, y es más crítico examinar conceptos que la socióloga Nirmal Puwar denomina como "jerarquías de inclusión". Según Puwar "quién puede hablar y para qué revela las jerarquias de inclusión" (Puwar 2004, 74. La traducción es nuestra). Puwar se refiere al concepto de camisa de fuerza en el que sólo se puede hablar de intereses específicos, es decir, "no se puede ser más de la raza" (p.67, la traducción es nuestra). Derrick Woods Morrow, afirma que "cuando utilizamos palabras como inclusión, damos el mensaje equivocado, como si estuviéramos permitiendo a la gente estar en la mesa en lugar de invitarles a construir cualquier estructura que necesiten para sobrevivir. Habría que pensar en un acrónimo más progresista como DEAA (Diversidad, Equidad, Accesibilidad y Responsabilidad), que nos permitiera replantear incluso la forma de hablar del trabajo que hay que hacer" (Woods–Morrow 2022, s/n). Para Sara Ahmed "la inclusión podría leerse como una tecnología de gobierno: no sólo como una forma de incorporar a la nación a quienes han sido reconocidos como extraños, sino también de convertir a los extraños en sujetos, aquellos que al ser incluidos también están dispuestos a consentir los términos de la inclusión. Un proyecto nacional también puede entenderse como un proyecto de inclusión, una forma en la que se pide a otros, como aspirantes a ciudadanos, que se sometan y acepten la tarea de reproducir esa nación" (Ahmed 2012, 162. La traducción es nuestra). Este aspecto adquiere especial relevancia si consideramos que las aperturas de los museos europeos más prominentes suelen interpretarse como progreso democrático, y como un gesto de cierta generosidad altruista al poner a disposición de diversos públicos determinados materiales de alto valor cultural. El hecho de que muchos de estos museos sean respaldados por un origen imperialista y expoliador, que de alguna forma es redimido meramente por la disponibilidad de contenidos, es parte de "la construcción del estado–nación occidental, su narrativa nacional y la ideología de la misión civilizatoria" (Vergès 2021, 32).

Desde la práctica, la directora, actriz, bailarina y artista brasileña discapacitada Estela Lapponi (2012) expresa su punto de vista sobre la incompatibilidad entre los conceptos de arte e inclusión en su proyecto colaborativo Manifesto Anti–Inclusión[25].

Manifiesto Anti—Inclusión
parte_1 (original en portugués)

La inclusión propone una jerarquía de capacidades.
La inclusión es incapaz de ver y conocer.
La inclusión es incapaz de oír y escuchar.
La inclusión es simplemente incapaz.
La inclusión presupone la pasividad.
La inclusión no interactúa
La inclusión da pena
La inclusión es unilateral
La inclusión excluye
La inclusión aísla

25 Los textos de Lapponi son una traducción libre de Lucía Egaña realizada en marzo del 2022.

Manifiesto Anti—Inclusión parte_2
Colaboración de Lenira Rengel
(original en portugués)

El arte es conocimiento
El arte es habilidad
El arte es construcción
El arte es diálogo
El arte es investigación
El arte es Acción
El arte es intercambio
El arte es libertad
El arte es creación
El arte es expresión
El arte es de toda persona
La inclusión te quiere normativizar
La inclusión te quiere excepcionalizar
La inclusión te quiere paralizar
La inclusión te quiere desconiderar
La inclusión te quiere desincorporar
La inclusión te quiere ignorar
La inclusión te quiere para especificar
La inclusión te quiere dejar ¡sola!

Arte e Inclusión están a contra mano!
El significado de las palabras va más allá de su semántica
Traen su rastro gráfico y sonoro, sus pesos y ligerezas históricas
enraizadas en las más diversas culturas sociopolíticas
Lo que quiero proponer aquí es que repensemos
El significado y la significancia que encierran las palabras
Arte Inclusivo.

La perspectiva de la inclusión suele plantearse desde el interior del espacio que va a incluir a otros, a través de enunciados como "debemos incluir la diferencia", "seamos inclusivos", etc. Se trata de voces que salen del interior de ese espacio cerrado o al menos de límites definidos y que desde ese lugar definen las implicaciones de ese acto de entrada o ingreso. En palabras de Ahmed, "Estar incluido" puede implicar experimentar una proximidad creciente a aquellas normas que históricamente han sido exclusivas. La extensión de las normas puede ser no sólo una fantasía, sino también una forma de estar más expuesto a su violencia. Por lo tanto, no estamos incluidos simplemente o única- mente a través de un acto de inclusión. Al ser 'incluidos', se despliega otra historia" (Ahmed 2012, 164. La traducción es nuestra). Es por eso que la inclusión conlleva violencias implícitas relacionadas con la imposición y/o la expectativa de algo que puede devenir deuda[26].

---

26 Ahmed lo describe en términos de racialidad: "Nuestro discurso sobre la blanquitud se lee como un signo de ingratitud, de no agradecer la hospitalidad que hemos recibido en virtud de nuestra llegada. Esta misma posición estructural de ser el in- vitado, o el extraño, el que recibe la hospitalidad, permite que un acto de inclusión mantenga la forma de **exclusión**" (Ahmed 2012, 43. La traducción es nuestra).

↗ Institución blanca — transparencia

Francisco Godoy

La blanquitud no se nombra, no se enuncia, no es un color, no se ve, es transparente; desde la comodidad que les da su color de piel y/o rasgos occidentales, las personas blancas –sean euroblancas, latinas blancas o africanas blancas– transitan sin problema por aeropuertos, museos, teatros, restaurantes y tiendas. Son el cuerpo universal del sistema mundo. Sin embargo, sus instituciones o centros culturales son todo lo contrario: se autonombran, enuncian y visibilizan cada vez que pueden, apropiándose muchas veces de saberes de otros por pagos simbólicos, colocando su "logo". Mientras, por otro lado, suelen ser poco transparentes en su contratación de personal, técnicos, autónomos o artistas seleccionados para colaborar con la institución, y menos transparentes son con el manejo del dinero: desde sus presupuestos globales al dinero que está detrás de cada actividad, pasando por los salarios y pagos que recibe cada persona por su trabajo o servicio.

Explicitar la blanquitud de las instituciones implica así hacer evidente su funcionalidad política, bañada por la "cultura" como un suavizante, y su misión subterránea como aparato operativo a los fines del régimen moderno–colonial. Además, enunciar su blanquitud nos cuenta de su racismo internalizado que se reproduce en los puestos de trabajo con derecho a la toma de decisiones que son, en su grandísima mayoría, liderados por hombres blancos.

Asimismo, indicar que las instituciones son instituciones blanca advierte de una serie de actitudes sociales que funcionan a nivel de las interacciones humanas pero que también ejecutan las instituciones, tales como:

– la "fragilidad blanca" (DiAngelo 2021), que implica la respuesta defensiva y violenta cuando se acusa de racismo a una institución o a alguno de sus miembros blancos;

– la "ignorancia blanca", esto es, el olvido sistemático del origen colonial de su estructura, poder, privilegio y, en el caso de museos, sus colecciones (aunque sean de arte europeo);

– la "inocencia blanca" (Wekker 2016), que se traduce en la paradójica negación de la discriminación racial y la violencia colonial coexistiendo con el racismo agresivo y la xenofobia.

Somos conscientes y hemos sido testigxs además de que existe una lógica del "pago diferenciado" que está implícita y naturalizada bajo el manto de la supuesta neutralidad y buena intención "inclusiva" de las instituciones blancas, pero que a la vez no es públicamente visible: hablando de altos estándares académicos, no recibe el mismo pago una Judith Butler que una Oyèrónké Oyěwùmí. Incluso, a nivel de formación y acceso a instituciones culturales/educativas, se realizan pagos diferenciados en los programas de máster (une estudiante europee paga menos que une no comunitarie); en los puestos de trabajo (acceso a los mismos y salarios recibidos); en los honorarios por participación en eventos y exposiciones; en los presupuestos de producción, entre otros. Hay diferencias de pago que se hacen en función del género, de la edad, de la racialización, de la procedencia, incluso de las necesidades de las artistas.

Si la información en torno a los presupuestos fuese comunicada pública y accesiblemente se transparentaría la reproducción de las lógicas históricas de poder de las instituciones y sería mucho más fácil entender cómo la institución decide invertir y retribuir económicamente las acciones que ejecuta. A su vez, se podría evitar una instrumentalización de pequeños gestos, inversiones circunstanciales y puntuales que operan más de forma cosmética que profunda (**tokenización**). Por eso es importante que los números de las instituciones sean explicitados para que se evidencien las prioridades en términos de presupuestos globales al ver cómo se distribuyen las partidas presupuestarias. Asimismo sería pertinente explicitar el origen de los recursos actuales, pasados y futuros.

Otro importante gesto de transparentar la falsa transparencia de las instituciones blancas sería hacer explícitos los datos en torno al personal y/o a las personas que trabajan en el centro. Saber cuántas personas no blancas, diversas funcionales y sexo–disidentes trabajan en las instituciones y conocer qué puestos, cargos o funciones tienen dentro de la pirámide laboral. Tener también una corpografía de las personas que son contratadas puntualmente para un evento específico y cuánto han cobrado en relación a los presupuestos globales. Tal como hace algunos años MAVI "Mujeres en las Artes Visuales" ha realizado informes que contabilizan la participación de mujeres cis en las instituciones artísticas, sería pertinente ampliar este tipo de estadísticas desde una perspectiva interseccional de las opresiones. Un caso a considerar, desde el contexto británico, serían los informes sobre injusticia racial que elabora The Runnymede Trust[27] hace más de 50 años, donde se han podido obtener datos recientes como que, menos del 1% de los libros que estudian les niñes en la escuela han sido escritos por personas racializadas o que el 48% de les niñes racializades en Reino Unido viven bajo la línea de la pobreza.

27 https://www.runnymedetrust.org/

La transparencia también debería formar parte de otra serie de acciones institucionales, tales como sus criterios de selección, jurados, las asignaciones presupuestaria que realizan y las modalidades de colaboración que se constituyen en sus "modos de hacer". Asimismo el hecho de que equipos diversos y que trabajan en distintas funciones (desde la programación hasta la limpieza) puedan formar parte de estructuras administrativas–asamblearia y de toma de decisiones, contribuiría a que la institución fuese más comunitaria, horizontal y cooperativa, remunerando esos **tiempos** participativos tanto como los tiempos productivos.

En definitiva, transparentar a las instituciones blancas implicaría sacar a la luz su empolvado sistema racista y patriarcal, correr el tupido velo de su supuesta neutralidad y remover sus estructuras para movilizar la potencia de los cuerpos históricamente subalternizados por la misma historia de las instituciones blancas.

↗ Integración

Giuliana Racco

La frontera invisible mantiene a los inmigrantes como extraños durante generaciones. La lucha de Sísifo de la integración se extiende incluso a la siguiente generación. La frontera me expone a una mirada que no me ve como individuo sino que me lee como un tipo. El campo visual no es neutral. La mirada es un complejo jerárquicamente entretejido de factores de género, raza y clase.
Shahram Khosravi

La concepción de la integración en el imaginario colectivo está estrechamente relacionada con el concepto de **inclusión**, en el sentido de que existe la creencia generalizada de que alguien puede ser "incluido" en la medida en que sea capaz de integrarse o incluso asimilarse, en un contexto determinado. La palabra "integración", cuyas raíces son latinas, significa "acción y efecto de hacer algo entero usando partes." Sus componentes léxicos son: el prefijo in– (negación), *tangere* (tocar, alcanzar), más el sufijo –ción (acción o efecto).

El término se utiliza comúnmente para referirse a un proceso por el cual los agentes "extranjeros" deben adaptarse a un contexto que ya se considera completo, y en el cual el agente puede ser visto como una amenaza/intrusión. Sin embargo, no existen definiciones establecidas de lo que constituye esta forma de integración, lo que conlleva una amenaza perpetua de **exclusión** o expulsión por parte de la persona a la que se le solicita/espera la "integración". Según el antropólogo Shahram Khosravi, "los inmigrantes, e incluso sus hijos, son considerados huéspedes... Un inmigrante no puede ser un anfitrión por la sencilla razón de que es un invitado cuya presencia se espera que sea temporal. Un invitado siempre es un extraño; existe una relación de poder asimétrica entre el anfitrión y el invitado, y esta relación es intrínsecamente cargada de violencia. Requiere una gratitud definida. Se espera que los invitados demuestren gratitud por ser tolerados" (Khosravi 2010, 93. La traducción es nuestra). El teórico social Willem Schinkel explica esta transgeneracionalidad al afirmar que al decir "traer a la gente a la sociedad" es la retórica con la que se sostiene la "integración de los inmigrantes". Esta retórica perpetúa la idea de que los inmigrantes y sus hijos " todavía están en proceso de llegar [... y] los hace 'móviles', en el sentido de que de alguna manera todavía están en marcha, en su camino hacia la "sociedad" (Schinkel, 2018, 5. La traducción es nuestra).

Dada la imposibilidad de las exigencias de esta forma de integración, en que se espera que el agente/sujeto se asimile, ha surgido un movimiento anti–integracionista en diferentes contextos. Este movimiento se levanta en oposición a la indeseada expectativa de tener que transformarse en otra. Entrevistas con Houria Bouteldja y Sadri Khiari, fundadores de el ex–Partido de los Indígenas de la República, proporcionan información sobre los principales reclamos contra la integración en el contexto nacional francés, que encuentran eco en todo el mundo, declarando "... no tenemos ninguna cuenta pendiente en cuanto a nuestra inmigración [...]. Sois vosotros los que tenéis que integraros a nosotros, es decir, aceptar nuestra existencia" (Bouteldja y Khiari 2021, 47). Siguen explicando que "la palabra integración es sensible porque sirve ante todo de criterio de demarcación, crea una norma estatutaria que establece una jerarquía entre quienes estarían integrados por naturaleza, por nacimiento, y quienes deben hacer el esfuerzo de integrarse" (Bouteldja y Khiari 2021, 48). Schinkel habla de "la dispensación de integración" explicando que la verdadera diferencia "no está entre los 'bien integrados' y los 'menos integrados'; es la diferencia entre aquellos para quienes la integración no es un problema y aquellos para quienes sí lo es" (Schinkel, 2018, 5. La traducción es nuestra). En palabras de Rana Jukhadar, refugiada siria en Suecia: "Les pregunto '¿cómo voy a saber si estoy integrada?' y me dicen que no tienen una definición. Entonces te sientes culpable, simplemente te sientes culpable, como si debieras hacer algo para integrarte, pero no hay una definición" (entrevistada por Giuliana Racco en 2019).

↗ Restitución y reparación

Lucía Egaña Rojas

Tal como plantea Sara Ahmed, la **inclusión** de la **diversidad**

"a menudo se imagina como una forma de reparación, una manera de enmendar o arreglar las historias que se han roto. De hecho, la diversidad se introduce en el discurso institucional como un lenguaje de reparación, una forma de imaginar que aquellos que están divididos pueden trabajar juntos; es una forma de asumir que "llevarse bien" implica corregir un error. No ser excluido se convierte no sólo en un relato del presente (una narrativa de pasar a formar parte) sino también en una forma de relacionarse con el pasado" (Ahmed 2012, 164. La traducción es nuestra).

Reparar, volver a poner de pie. La reparación es un concepto que recientemente ha captado interés, especialmente por parte de la blanquitud y de los estados–nación que han sido más prominentes en la historia colonialista. Se formaliza mayormente a partir de un debate que involucra objetos, como la cuestión de cómo devolverlos, a quién pertenecen, y cómo reparar su sustracción retroactivamente. La necesidad de comprender cómo restituir y reparar es un tema ampliamente discutido. De esta forma, el propio debate y sus objetivos han sido apropiados por Occidente y los sujetos que se sitúan en esa región[28]. Esto no es algo

---

28 Ejemplo de ello podría ser el informe Sarr–Savoy sobre la restitución del patrimonio africano encargado por la presidencia de la

casual, ya que los museos del norte han sido los principales beneficiados de la riqueza acumulada por medio de la explotación, el despojo y el **extractivismo** colonial, así como del saqueo durante guerras y ocupaciones. Por lo tanto, las conversaciones sobre "reparación y restitución" de los museos deberían iniciarse con este hecho (Vergès 2021, 32).

Tal como lo indican diversos autores (Lba Gueye y Rodríguez Perea 2021; Simão y Safura Adam 2021; Vergès 2021), no se trata de restituir (devolver) lo robado en tanto algo material, como objeto, sino que la mayoría de los elementos sustraídos arrastran consigo una serie de valores culturales o espirituales que se van con ellos hasta incluso desaparecer[29]. Por otro lado, en un movimiento simultáneo pero en dirección inversa, el objeto robado, cuando es exhibido en un museo del norte, adquiere un nuevo valor asociado y también un nuevo significado.

En opinión de Massamba Lba Gueye, "quien se ha apropiado de estos bienes, dominando a un pueblo, no tiene legitimidad para decir lo que se debe devolver. [...] No debemos dar la impresión de que alguien que ha despojado a un pueblo de sus elementos culturales puede tener alguna legitimidad" (Lba Gueye y Rodríguez Perea 2021, 21). En este sentido, las comunidades afectadas por el expolio deberían ser las encargadas de determinar las formas de

República de Francia en 2018, o el evento en Dakar "Patrimoine matériel, immatériel et altérité" (Lba Gueye y Rodríguez Perea 2021, 17) que si bien no se realizó en Europa, parte del uso de conceptos establecidos por la UNESCO.

29 "El mortero ha sido extraído y transportado a occidente, y es calificado como "bien cultural" por aquel que lo posee. En cambio, para quien lo pierde, se trata de un elemento de espiritualidad. Cuando un objeto se va, los cantos que lo rodeaban desaparecen al cabo de dos o tres generaciones: en el momento en que se deja de practicar la actividad social vinculada a ese bien cultural pierde su valor. Cuando vuelva aquí, llegará el objeto material, pero no su funcionalidad cultural. [...] Si hay una ruptura y todo eso ya no existe, ¿qué valor tiene este "objeto", en definitiva?" (Lba Gueye y Rodríguez Perea 2021, 18–19).

restitución. Sin embargo, ¿qué sucede cuando las comunidades directamente afectadas ya no existen? En este contexto, la restitución no debería "contribuir al complejo del salvador blanco" (Vergès 2021, 34), sino más bien provocar cambios estructurales.

Ahora bien, el tema de la reparación en la **gestión de recursos** culturales también tiene una dimensión histórica, relacionada con la necesidad de reparar las antiguas injusticias hacia las comunidades infrarrepresentadas. Esto tiene que ver con cuerpos y personas concretas. En este sentido, la reparación podría vincularse con actos parciales de justicia, como son la redistribución del poder, espacio, bienes materiales y visibilidad, entre otras.

Una pregunta que podría formularse a las **instituciones blancas**, por ejemplo, es la siguiente: Durante los años que este centro, museo o institución lleva en funcionamiento ¿Cuántas personas discas/negras/trans han trabajado durante todo este tiempo? Al reconocer esta falta que emerge y esa ausencia histórica, podría calcularse cuántas personas tendrían que venir a trabajar como forma de justicia redistributiva para reparar esas **exclusiones**. Según Ariella Azoulay, la reparación es una respuesta a la violencia institucional y no es algo de lo que se pueda hablar como si fuera parte del pasado. "Las reparaciones requieren de una cronología y agenda no imperial, una que insista que lo que se estudia no ocurrió «en el pasado», y que el derecho de la gente de ver sus mundos reparados, es justificada" (Azoulay 2021, s/n). De hecho, para la autora, las propias técnicas de investigación académica o de la archivística permanecen atadas a los modos de hacer imperiales, lo que significa que, dentro de esos marcos, la reparación no será posible.

Las genealogías del dolor siguen presentes y llenas de vida, actualizándose a diario en las instituciones de Barcelona. ¿Sería posible repensar las instituciones en torno a las memorias del dolor? ¿Se puede proporcionar una formación colonial a los funcionarios, trabajadores, directivos de las instituciones? Estos procesos pedagógicos tendrían que abordar la "vitalidad de esas genealogías del dolor".

En Colombia, Chile y en territorios donde ha habido graves violaciones a los derechos humanos, las activistas demandan justicia, reparación y garantías de no repetición. La reparación, por lo tanto, se concibe como un acto dirigido hacia el presente, el pasado y el futuro, que contribuya a tener estructuras más justas que no vuelvan a ejecutar la violencia como parte de su compromiso profundo con la existencia.

↗ Tokenización / fichajes simbólicos

Lucía Egaña Rojas

Con frecuencia, las instituciones culturales abordan la **inclusión** a través de la exposición de términos y prácticas que se traducen en meras declaraciones de intenciones, sin afectar sus bases estructurales. Esto es lo que llamamos "fichaje simbólico" o "tokenism", una inclusión puntual de ciertos agentes que representan cierta **diversidad** en un contexto específico. Para la institución o estructura, este tipo de inclusiones, aunque sean momentáneas, significan la superación de sus estructuras excluyentes, y de este modo es que algunos cuerpos presentes en las instituciones operan para ellas como "cosas" u elementos mucho más amplios que lo que deberían ser, en este caso, artistas, trabajadoras, entre otres. En cambio, simbolizan el fin del racismo, la homofobia o el **capacitismo**. Estos fichajes son formas superficiales que prentenden aparentar igualdad o **equidad**, pero en realidad utilizan algunos cuerpos para este propósito, ya que se siguen manteniendo las mismas estructuras de dominación.

A menudo, los fichajes simbólicos tienen un carácter preventivo. Es decir, existen para prevenir la posibilidad de que la institución o evento puedan ser acusados de ser excluyentes. Por lo tanto, se invita a alguien que forma parte de un grupo minorizado, y de esta forma se argumenta que no se trata de un espacio segregado. Así, en este sistema, se establecen una serie de lógicas perversas. Por ejemplo, se promueve la idea de que hay un acto caritativo en aquel que permite el acceso a un espacio por su buena voluntad, estando habitualmente en una posición superior que le otorga el poder de decidir a quién abrir o no la puerta. En estos casos, la inclusión se percibe desde esa posición casi como una ayuda al subalterno, sin pretender llegar a la raíz de la injusticia. En general, estas acciones están diseñadas "para ayudar a mejorar la imagen de las élites que la financian y que ponen una pequeña e inadecuada tirita sobre la enorme herida social que genera su codicia" (Spade 2022, 31).

> "He sugerido que la diversidad puede funcionar como un ejercicio de marca, una forma de reimaginar la organización como 'diversa' al incluir a aquellos que encarnan la diversidad. La inclusión puede convertirse en un signo positivo de superación de la **exclusión**. La diversidad puede utilizarse como una tecnología de la felicidad: a través de la diversidad, la organización se representa felizmente como 'trabajando bien juntos', comprometida con la igualdad y el antirracismo. Si su incorporación es un signo de diversidad, entonces su inclusión puede considerarse una buena práctica. Los cuerpos de color proporcionan a las organizaciones herramientas, formas de convertir los puntos de acción en resultados. Nos convertimos en las herramientas de su arsenal. Somos marcas en sus casillas; marcamos sus listas" (Ahmed 2012, 153. La traducción es nuestra).

A la vez, el hecho de ofrecer invitaciones, recursos moderados o visibilidad a ciertos cuerpos o subjetividades marginalizadas o minorizadas, conlleva la expectativa de que estos individuos produzcan una serie de discursos, contenidos o estéticas que sean complacientes y cómodas las instituciones que están poniendo en práctica estos supuestos actos de inclusión. Esta es, por supuesto, una cuestión tácita e implícita, que no figura en ningún contrato pero que recurrentemente aparece en los diálogos de aquellas personas que son invitadas en condición de fichaje simbólico.

Otra lógica perversa tiene que ver con que, para las instituciones, los fichajes simbólicos son considerados como representantes de las comunidades a las que pertenecen. En ese sentido el cuerpo de la persona que actúa como representante asume la responsabilidad de apaciguar la injusticia de la institución en sus versiones capacitistas, homotránsfobas o racistas.

El discurso de los fichajes simbólicos es superficial aunque aparenta profundidad; de esta manera, el fichaje arrastra también, como subtexto, la idea de que la persona que representa un colectivo ausente está allí por la necesidad del sistema de tener a alguien como ella (por corrección política en la mayoría de los casos), pero no por sus méritos personales o el interés de su trabajo. Además de quitar agencia a la persona, genera que su presencia sea artificial, ya que de no existir el sistema de fichaje (a veces llamado paridad, justicia social o diversidad) esa persona probablemente no estaría allí. La persona que es cuota de fichaje es depositaria entonces de una especie de regalo (transferible a otra como ella) que le da el sistema, una abertura de paso que le permite estar.

La práctica de los discursos de paridad muchas veces es cuestionada precisamente por esta lógica, ya que han facilitado poner en entredicho los méritos (sin cuestionar la idea de meritocracia) de quienes están ahí[30]. Por otra

---

30 A la vez, tal como constata Sara Ahmed, se puede producir una "no-performatividad" cuando nombrar algo (por ejemplo el feminismo o el antirracismo) no lo hace efectivo, o solo es nombrado para que no se haga efectivo (Ahmed 2004). Otro ejemplo sería "el racismo y el sexismo que reproducen quienes se creen demasiado críticos como para reproducir el racismo y el sexismo"

parte, los fichajes son precedidos por la constatación de una estructura habilitada y ocupada por personas y cuerpos similares, dejando en evidencia grandes vacíos y faltantes susceptibles de ser ocupados por mujeres, personas sexo-disidentes, individuos de distintas procedencias y racializadas, y personas con funcionalidades diversas, entre otras. Más que cubrir estas ausencias con un fichaje, sería necesario cuestionar la existencia misma de estas ausencias, lo cual que no es casual ni inocente, sino producto de siglos de dominación de unas pocas personas que continúan reservándose los lugares de privilegio[31].

Para varias autoras, la promoción de la inclusión, desde posiciones y miradas superficiales puede estar reacomodando la colonialidad del poder ante las necesidades de los mercados globales. La reacomodación mencionada además, muchas veces se acompaña de **extractivismo** epistémico en relación a comunidades específicas (Bard Wigdor y Bonavitta, 2021 citado por Ariza y García 2022, 36). Por esto es que la programación institucional puede estar considerando las experiencias vitales e históricas apenas como temas, y en ese sentido despotenciando toda una serie de demandas políticas, raciales, sexuales, en definitiva de justicia social y cultural[32]. En este sentido nos preguntamos

quienes en definitiva, a través de su propia crítica, ocultan su ejercicio sexista o racista (Ahmed 2018, 242).

31 Las ideas contenidas en este párrafo se encuentran en el capítulo que escribí en la publicación Textus, «Cierto algoritmo del arte» (Egaña 2020).

32 Muchas ideas obtenidas a través de entrevistas y encuestas se pueden encontrar en el informe realizado por FelipaManuela: "se señalaba que, en gran parte de la programación, la persona migrante o racializada está definida como tema y siempre a partir del ojo de una persona blanca, siendo objeto de exposición y no sujeto creador. Por otro lado, la presencia de creadores y creadoras migrantes y racializados no está exenta de contradicciones. Dos de las personas entrevistadas señalaban que las instituciones culturales están incluyendo obras de artistas migrantes y/o racializados con narrativas poscoloniales y decoloniales

¿cómo garantizar que el compromiso no sea solo un gesto **"token"** sino que sea significativo? ¿Cómo representar el compromiso para que no se instrumentalice? ¿Cómo evidenciar la falta de compromiso como el incumplimiento de una institución?

porque es una tendencia global, y el mundo del arte, señalan, se rige mucho por este tipo de lógicas. En estas posiciones solo se cuenta con artistas migrantes y racializados que han construido sus carreras fuera de España, no se apuesta por las y los artistas racializados que están trabajando desde la base, desde lo local. Desde este marco, se planteaba que la **inclusión** de creadoras y creadores racializados en el circuito del arte contemporáneo se realiza desde una idea de exotización de la diferencia, haciendo énfasis en que las y los artistas que entran son creadoras y creadores ya legitimados fuera del país que manejan un lenguaje concreto" (Ariza y García 2022, 40).

↗ Tiempo

Francisco Godoy Vega

Parafraseando a Frantz Fanon en *Piel negra, máscaras blancas*, "para las personas no blancas, el problema siempre ha sido el tiempo"[33]. El pensamiento occidental ha definido e impuesto a nivel global una noción única del tiempo histórico que tendría una cronología cuyo 00:00 comenzaría con un blanqueado Jesucristo que se movía entre Israel y Egipto. Ese *cronos* lineal, evolutivo y progresivo, ese tiempo universalizante y europeizado, con el desarrollo de los debates de la ciencia moderna, se va a poner en cuestión a partir de la relatividad del tiempo, a lo Albert Einstein. Sin embargo, la ciencia moderna, profundamente racista y occidentalista en sus métodos y objetivos, no dió cuenta de la **diversidad** de tiempos posibles y existentes ni del robo del tiempo que generaría la modernidad a partir de la división racial del mundo que inició la colonización moderna a partir de 1492.

---

[33] Entre otras cuestiones relativas al tiempo, Fanon plantea que "Por penosa que nos resulte esta constatación, estamos obligados a hacerla: para el negro no hay más que un destino. Y es blanco. (...) La arquitectura del presente trabajo se sitúa en la temporalidad. Todo problema humano pide ser considerado a partir del tiempo. Lo ideal sería que el presente sirviera siempre para construir el porvenir. (...) El drama racial se desarrolla al aire libre y el negro no tiene tiempo de «inconscienciarse»" (Fanon 2009, 44, 45 y 139).

Desde entonces ha existido una extracción no solo de materias primas, sino que del tiempo de vida de multitud de cuerpos negros, indígenas, moros y asiáticos. El "tiempo del trabajo" del blanco va a ser modelado en función de sus necesidades y derechos, mientras el "tiempo del trabajo" no blanco será signado impositivamente por la explotación y el esclavismo. Así, incluso con el marco legal de los derechos laborales contemporáneos, el "tiempo libre" del blanco es exponencialmente más amplio que el "tiempo libre" de un cuerpo no blanco y/o migrante. Se trata de una problemática transhistórica. Hasta hoy en día, nuestros tiempos "libres" son motivo de sospecha para el blanco que tiene la memoria de controlar la temporalidad de sus subalternos.

Esto que parece una historia del sistema explotador y esclavista del siglo XVII, se reproduce en las subjetividades blancas contemporáneas que cargan con la confortabilidad de la supremacía blanca que se reproduce e incentiva a través de la televisión, la publicidad, los museos o la escuela, entre otros dispositivos de manutención subjetiva de la blanquitud, y que en términos prácticos se traduce en el cotidiano control del tiempo de las personas racializadas que limpian sus casas, les cocinan y cuidan las vidas de sus ancianos, niñes y jardines, e incluso en el control del tiempo de las personas racializadas que operan dentro del llamado "capitalismo cognitivo" a través de su cruce con lo que se conoce como "capitalismo racial" (Cedric J. Robinson, 2021).

En este sentido, existe una economía del tiempo que implica que las horas/cuerpo tienen valores diferentes si se trata de una persona blanca en comparación con una persona POC[34], resultando en que la persona blanca se

---

34 POC es un acrónimo que significa en inglés People of Color (Personas de color).

88

beneficia de mayores recursos económicos. Esto se evidencia en la distribución racial del trabajo y los honorarios,
que implica una dificultad mayor (y un tiempo más largo)
para que una persona no blanca acceda a puestos donde
su remuneración será mayor que el salario mínimo o que
sus colegas blancxs.

Existe asimismo una **extracción** de nuestros tiempos, memorias y saberes por parte de la blanquitud. Esto no
es nuevo: en la colonia se practicaba el robo epistémico de
saberes ancestrales de poblaciones indígenas, negras y populares para la medicina, la botánica o la agricultura. Hoy
esto se reproduce de múltiples maneras. El blanco siempre
supo robarnos el tiempo ¿es que acaso esta herida se puede
reparar en algún tiempo futuro? O es que ¿el futuro ya fue?
Según muchos planteamientos indígenas, como se indica
por ejemplo en el Manifiesto Indígena Antifuturista canadiense (Indigenous Action 2021), el futuro ya fue, o incluso,
el futuro no existe, ya que vivimos en una reverberación
de tiempos de la circularidad indígena que se resiste a la
imposición del tiempo progresivo de occidente.

¿Pueden acaso las personas e instituciones blancas
devolvernos el tiempo robado? No solo robado a nosotras,
sino que robado a nuestras abuelas, bisabuelas y tatarabue-
las, que sufrieron en la cama el robo del tiempo en lo que
Yuderkys Espinosa, parafraseando a Marx, llama la "violación originaria" (Espinosa 2009). Volver a pasar tiempo con
un blanco en la cama es revivir ese robo del tiempo "libre":
no solo limpiar "sus" casas, recolectar "sus" cosechas, extraer
"sus" metales preciosos del río y la montaña, sino que darles
el tiempo de nuestro placer y descanso. En este sentido es
que la supremacía blanca ha impuesto su temporalidad, no
solo a través de las instituciones y el reloj que nos guía, sino
que de la vida. Si las personas e instituciones blancas nos
han extraído el tiempo ¿cómo se podría recuperar o eludir
ese sistema extractivo? ¿Es acaso posible?

Tal vez un proceso de redistribución racial del poder y desaceleración productiva de las instituciones (culturales) permitiría tomar un tiempo lento, "rumiante" (Masson 2015), más accesible y cuidadoso, que se oponga a la hiperproducción de actividades de las instituciones e implique dedicar más tiempo a pensar la estructura interna de los espacios y equipamientos, sus grietas históricas, su racismo, su LGTBIQfóbia, su **capacitismo**. Producir menos actividades públicas y más procesos internos que permitan trabajar la distribución de cuerpos que habitan la institución.

Esta distribución, que sabemos funciona reificando estructuralmente la conformatibilidad blanca, cis, heterosexual y capacitada, tiene sus efectos también en los tiempos de los pagos a las personas subcontratadas o que colaboran con la institución a partir de honorarios (factura). Si estas personas además son migrantes y/o racializadas, deberán en muchas ocasiones adelantar los pagos con dineros que no tienen, a veces con plazos de más de seis meses o un año de espera. Este sistema es una reverberación del robo del tiempo racial y equivocadamente presupone que las personas no privilegiadas tienen dinero guardado para poder financiar a las instituciones en sus protocolos de pagos. Una institución cuidadosa con los cuerpos que trabaja, debería pagar al menos un porcentaje por adelantado para que las personas contratadas puedan pagar su comida, casa, cuota de autónomos, etc. cuando se le cobran. En este sentido, una política tan básica en muchos contextos (y no tan común en Cataluña), como las dietas/viáticos cuando se realizan viajes de trabajo, debería ser un requisito mínimo para asegurar la alimentación y bienestar de las artistas o trabajadoras que viajen, y que sea administrado nada más llegar a la ciudad, no teniendo que ser adelantado y recibido a posteriori. Asegurar este tipo de mínimos es resguardar el tiempo de vida de las personas subalternizadas.

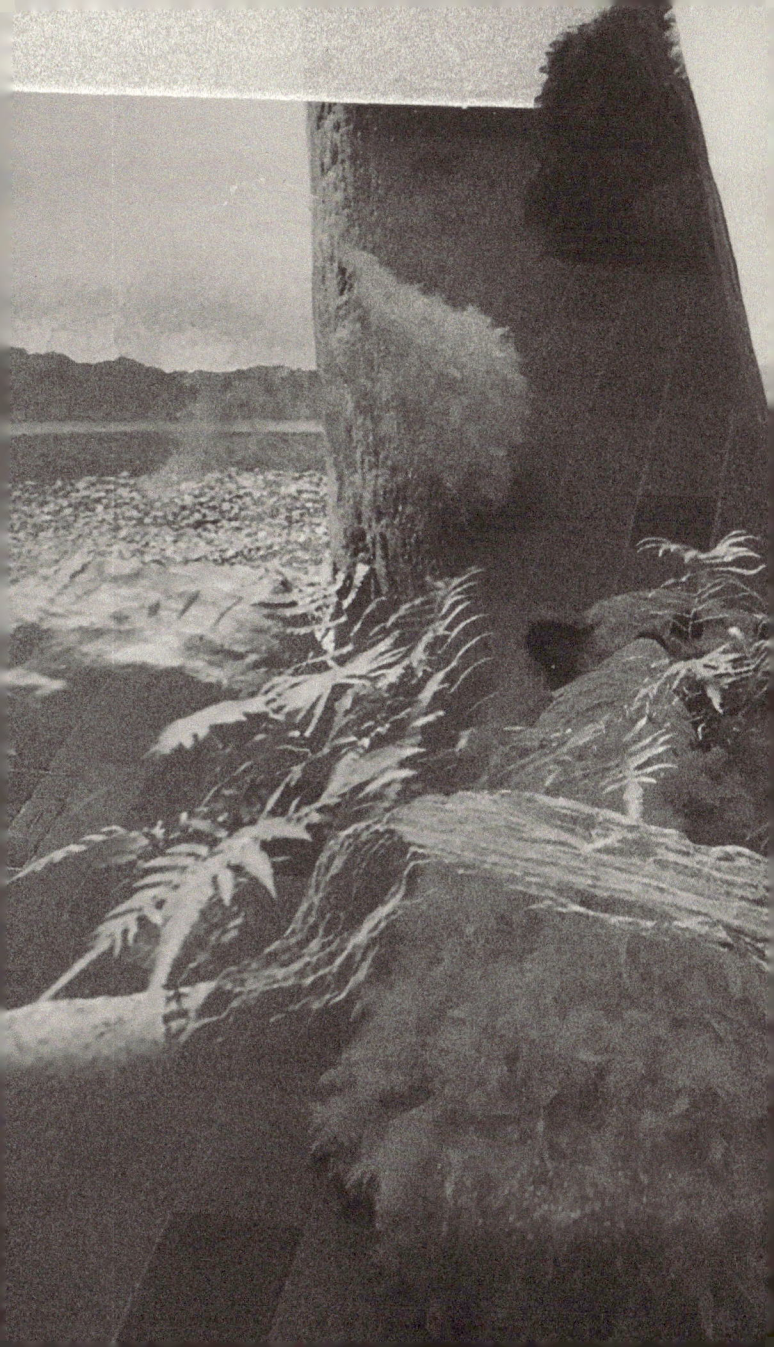

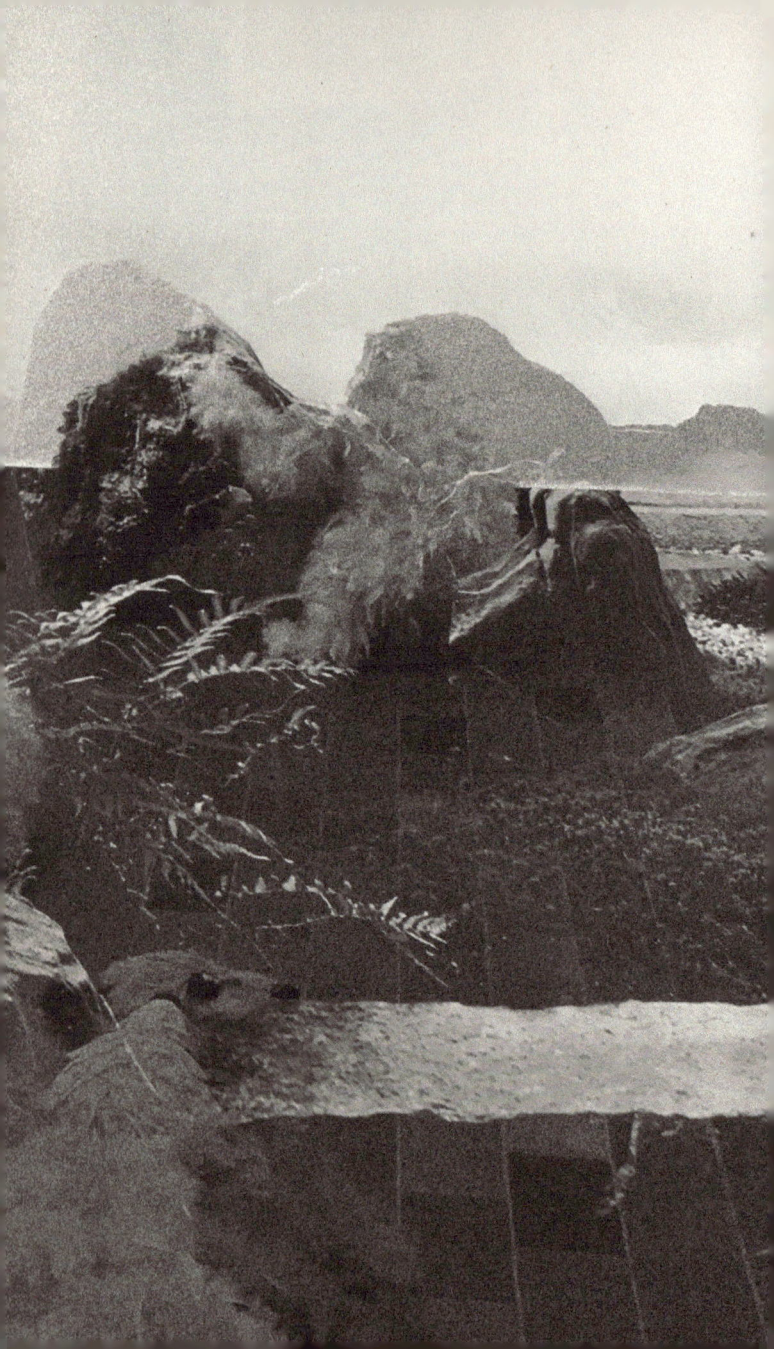

CONVOCATORIAS

Este capítulo ha sido elaborado a partir de la investigación del Laboratorio de Ideas y Convocatorias Cuidadas (LICC)[35] en colaboración con sus autoras. Tras varias sesiones de trabajo, revisamos algunas aplicaciones de la investigación del LICC a este proyecto en particular. Según el diagnóstico realizado en septiembre de 2021 por el grupo, y basado en una encuesta anónima que respondieron 78 trabajadores de cultura vinculades al circuito artístico catalán, el 43% de les encuestades afirman que el 40% de sus ingresos dependen de resultar seleccionadas en convocatorias. Por esta razón, el 53% de les encuestades revela que se presentan a un promedio de entre 5 y 8 convocatorias al año, a las cuales destinan aproximadamente 5 días de trabajo, equivalentes a unos 40 días anuales dedicados a postular. Este **tiempo** invertido no es retribuido económicamente por nadie.

35 El trabajo del Laboratorio ha sido impulsado por las artistas e investigadoras Luna Acosta, Paula Bruna, Natalia Carminati y Rosa Lendínez. Su trabajo fue diseñado originalmente con el fin de aportar sugerencias para diseñar, ejecutar y cerrar un proceso de convocatoria atendiendo a los cuidados que supone una relación profesional en el ámbito de las artes visuales. Estas sugerencias se destilan de un proceso de trabajo que constó de tres instancias: (1) una encuesta abierta dirigida a creadoras de la comunidad artística de Barcelona, Mallorca y Toulouse; (2) tres sesiones de trabajo en grupo en las que han intervenido artistas multidisciplinares, investigadores, docentes, comisaries independientes, gestores culturales e instituciones como la PAAC, Idensitat, La Escocesa, Le BBB Centre d'Art, Casa Planas, Sala d'Art Jove y Hablarenarte, (3) elaboración de un documento de convocatoria cuidada que aporta sugerencias para diseñar, ejecutar y cerrar un proceso de convocatoria atendiendo a los cuidados que supone una relación profesional en el ámbito de las artes visuales.

La gran mayoría de las personas afirma que su trabajo no es compensado adecuadamente, aún cuando los proyectos han resultado seleccionados. Generalmente, se ofrecen remuneraciones que no incluyen los costes básicos para poder desarrollar los proyectos, que muchas veces se realizan con honorarios muy bajos o nulos. Cuando los proyectos no son seleccionados, generalmente son desechados por les trabajadores a pesar del tiempo dedicado a su redacción y diseño, puesto que la falta de retroalimentación no permite hacer modificaciones claras que ayuden a su desarrollo. A pesar de estas circunstancias, las convocatorias siguen siendo presentadas a las trabajadoras de la cultura como una de las únicas vías de obtener "apoyo/impulso" económico y de inserción al campo de visibilidad/escucha, como un camino casi obligatorio para acceder a los recursos culturales que selectivamente distribuyen las entidades convocantes, públicas y privadas.

El sistema de convocatorias no sólo contribuye a legitimar ciertos temas, medios y nombres dentro del campo general del arte en cada territorio, sino que también modifica las agendas, definiendo qué temas atravesarán nuestra producción artística, los recursos humanos y técnicos con los cuales trabajaremos, los tiempos a los que tendremos que adaptar nuestros procesos creativos y las **condiciones laborales** bajo las cuales operamos, a menudo sin contrato y en ocasiones sin seguro para nuestras producciones.

Casi siempre ofrecidas en calidad de becas y premios, estas convocatorias vulneran nuestros derechos como trabajadoras, obligándonos a recurrir a distintos medios como cooperativas o colegas para facturar o darnos de alta y baja intermitentemente del sistema de autónomos. Sin garantías de contar con un ingreso mínimo, continuidad laboral o tener acceso a bajas por enfermedad o accidente, las trabajadoras culturales nos enfrentamos al "tetris" económico del pluriempleo y las vidas paralelas (somos artistas–camareres, artistas–montajistas, artistas–canguro). Aún así, la inmensa mayoría de les creadores queda totalmente fuera de este sistema estructuralmente excluyente, que no posibilita una representación igualitaria de la **diversidad** artística y de artistas que trabajamos en el sector cultural. Por todo esto, consideramos que mientras el sistema de convocatorias no se replantee, el campo del arte seguirá siendo no sólo competitivo, meritocrático, burocrático, endogámico y precarizante, sino que además sus contenidos y espacios visibles nunca entrarán en una relación orgánica con las necesidades del territorio.

Cuidado v/s justicia

Entendemos que debido a la organización patriarcal–capitalista del modelo económico, los trabajos asociados al cuidado se han sustentado históricamente en una compleja relación de estructuras de poder que puede ser fácilmente reproducible según cómo se insertan los cuidados en las organizaciones culturales o prácticas artísticas. Vemos que dentro de las lógicas hegemónicas de organización social los cuidados han adquirido una connotación femenina, racializada y se han convertido en tareas que se realizan silenciosamente de manera aislada, individual y generalmente empobrecida.

Como hemos observado tanto en el diagnóstico como en el trabajo realizado por el LICC, las convocatorias se alinean con la lógica capitalista de la competencia, la prisa y la acumulación. Al incorporar la palabra "cuidado", sin hacer una pausa para que pensemos en lo que significa, tal vez alimentamos el vaciamiento y la despolitización de las palabras, que suele suceder en la medida en que éstas dejan de tener relación con los hechos. Por todo esto, concebimos el cuidado en términos de **equidad** e interdependencia, poniendo en el centro plantearnos un cambio de paradigma que promueva un sistema más sostenible.

A partir de las discusiones desarrolladas durante el proceso de trabajo junto a Lucía y Giuliana, hemos decidido abrir un debate en torno a si, en el contexto específico de concebir un modelo de convocatorias menos excluyente, sería más efectivo considerar la justicia como un modo de reparar, de acompañar las prácticas de cuidado dentro de los ámbitos culturales, preguntarnos sobre cómo, quiénes y dónde se llevan adelante estas prácticas, y hacer imperativa su colectivización.

Obsolescencia programada

También hemos detectado que el sistema de convocatorias encorseta la creación artística en un modelo de trabajo por proyectos. Cada vez son menos las convocatorias de "temática" abierta que fomentan la libertad creativa de les artistas, y más son las convocatorias que definen temáticas específicas o modalidades en las que las creadoras deben encajar sus ideas o proyectos para poder trabajar. En relación a estas últimas, las instituciones convocantes recurren a problemáticas y luchas sociales para "darles lugar" en los circuitos legitimantes con un marcado sentido paternalista. A la hora de ejecutar los proyectos seleccionados, estos no son acompañados de procesos de diálogo, reflexión y debate crítico sino que se enfocan en la producción de contenidos a modo de "encargo". En esta relación de encargo–proveedor, muchas veces les artistas se convierten en portavoces de estas cuestiones creadoras que no representan ni están vinculadas a estas problemáticas de forma encarnada, sino que las consideran temas. Así, algunas temáticas, lenguajes artísticos, prácticas y discursos adquieren un carácter efímero de tendencia[36]. Para indagar

36 Cuando hablamos de tendencia o moda, en este caso, nos referimos a la repetición sistemática de temas, rasgos, gestos, etc. generando el vaciamiento de sentido de los mismos. Evitarlo impli-

más en estos asuntos, se puede consultar la entrada **"extractivismo"** del capítulo de Glosario.

Fases

Hemos dividido el proceso de las convocatorias en
dos etapas[37] que articulan el análisis de las recomendaciones y observaciones:

(1) Una primera fase de elaboración y redacción
de las bases;

(2) Una segunda que atiende la aplicación, es decir la evaluación, selección y ejecución de los proyectos
seleccionados.

FASE 1: ELABORACIÓN Y REDACCIÓN DE LAS BASES

Para atender a una estrategia de justicia en una
convocatoria, se debe comenzar por la concepción, diseño e ideación de sus bases. Esta fase alude al proceso de
establecer las bases de una convocatoria, que abarcan decisiones que podrían resultar en la **exclusión** de posibles
participantes, el objeto de la convocatoria, la selección del
jurado y otras condiciones para definir unas bases ideales.
Este proceso debería ser remunerado.

Objeto de la convocatoria y redacción de las bases

Equipo redactor:

Para asegurar una distribución más justa de los recursos, se recomienda que el equipo redactor de las bases

caría que los agentes culturales hagan el trabajo de escuchar
atentamente al contexto para no caer en esta fórmula.

37 Originalmente en el Laboratorio se trabajó con tres fases que para
efectos de este capítulo en conjunto con Lucía y Giuliana hemos reducido a dos.

sea lo más heterogéneo[38] posible, que incluya a personas con perfiles infrarrepresentados e interdisciplinarios y con accesos diversos a las instituciones.

Oferta y presupuesto de la convocatoria:

– El beneficio (económico, recursos, visibilidad, etc.) que se ofrece a los proyectos seleccionados tiene que ser claramente equivalente con lo que se pide en cuanto al trabajo que implica la ejecución del proyecto, y debería hacerse explícito en **tiempo**. Para evitar una espiral competencial, es necesario explicitar que la institución no seleccionará proyectos que fomenten la precarización de quien realiza el proyecto o de otres.

– Contemplar los posibles gastos extras producto de una convocatoria que dé atención a las participantes (ej. pagos al jurado por elaborar feedbacks, charlas para potenciar la participación de grupos infrarrepresentados, reuniones para facilitar contactos entre las participantes...).

Objeto de la convocatoria:

– Considerar lo anteriormente dicho respecto a las tendencias temáticas y obsolescencia programada.

– Considerar que las temáticas muy específicas y exclusivas a veces suponen un esfuerzo mayor de adaptación a los requerimientos (por ej. *site specific*) de la convocatoria, o incluso la elaboración de proyectos exclusivos e inéditos.

– Se recomienda una selección en etapas: (1) una breve presentación de ideas generales y (2) la presentación de la propuesta detallada por parte de las preseleccionadas

---

38 Cuando hablamos de la heterogeneidad no nos referimos a las líneas estéticas de los mismos, sino que se tenga en cuenta que haya representatividad de condiciones, identidades y corporalidades no hegemónicas en el marco de posibilidades de la institución convocante.

(a las que se podría remunerar por dicho trabajo). Esta recomendación no debe sustituir la necesidad de explicitar los objetivos y criterios de selección de la convocatoria.

Acceso a la inscripción

– Procurar atender la gran distancia que hay actualmente entre artistas emergentes y consolidades, y evitar la **exclusión** de les artistas madures.

– Posibilitar otras formas de demostrar el nexo con el territorio que no sea mediante el padrón (por ejemplo la vinculación con alguna asociación / residencia artística, exposición de trabajos previos relacionados con el territorio, entre otras posibilidades).

PROPUESTA: En caso de requerirse empadronamiento, el centro de arte se ofrecerá para empadronar a personas sin padrón y/o sin domicilio fijo, fomentando que las instituciones culturales adopten una posición activa respecto a la violencia institucional de los ayuntamientos.

Firma digital y otros requerimientos burocráticos y administrativos:

– Dado que la opción telemática con firma digital a veces puede resultar excluyente, se recomienda proporcionar alternativas adicionales, como el envío del dossier por correo electrónico o en formato papel.

– Proponer maneras de validación alternativas para personas que no pueden o encuentren dificultades para presentar alguno de los requerimientos burocráticos o administrativos.

Fomento de la participación

– Procurar una retribución que no perjudique la participación de colectivos, invitando a su postulación y ofreciendo una remuneración proporcional a factores como la cantidad de personas y espacios adecuados, entre otros.

– Generar canales de difusión abiertos e inclusivos en términos de idiomas y formatos (lengua de signos, audios, etc), así como dirigirse a públicos que integren comunidades que normalmente no concursan. Incluso ofrecer otras facilidades específicas, como ayuda para rellenar formularios y cumplir con los criterios de las bases para aplicar a las convocatorias [39].

– Realizar talleres o charlas informativas previas, poniendo énfasis en comunidades infrarrepresentadas.

– Explicitar en las bases todo lo que la convocatoria ofrece a los proyectos seleccionados (feedback, contactos, visibilidad y/o remuneración de los proyectos preseleccionados, etc.).

– Dejar la convocatoria abierta por el **tiempo** necesario para garantizar una participación holgada (se recomienda un mínimo de 4 meses)[40].

– Explicitar en las bases y en la difusión los objetivos de la convocatoria, a quiénes va dirigida y los criterios de selección, así como si hay perfiles específicos que se busca privilegiar debido a sus ausencias históricas.

---

39 El caso canadiense, contempla que les solicitantes individuales que son sordes y/o tienen discapacidades, incluidas las personas que viven con enfermedades mentales, pueden solicitar fondos para cubrir los apoyos y servicios relacionados con la discapacidad necesarios para completar un proyecto financiado a través de un programa del Consejo de Canadá. Los detalles y formularios de solicitud para Access Support (el nombre de este servicio) se encuentran dentro de cada programa de concesión específico, pero puede formalizarse como los recursos para pagarle a alguien para que le ayude con el proceso de solicitud a la artista si tiene dificultades y se identifica como artista sorde; si tiene problemas de audición; si tiene una discapacidad o vive con una enfermedad mental; si es artista de las Primeras Naciones, Inuit o Métis que enfrenta barreras lingüísticas, geográficas y/o culturales.

40 Independientemente del momento en el que las personas envíen el proyecto postulante, tener conocimiento de las bases con suficiente tiempo de antelación permite que los proyectos maduren y crezcan para diseñar propuestas más claras y de mayor calidad, lo cual al final, beneficia a toda la escena local.

Dossier y documentación a presentar

– Minimizar el tiempo y el esfuerzo de postulación a la convocatoria (considerando que sintetizar también lleva tiempo). Se sugieren las siguientes alternativas:

– Solicitar una postulación por fases (primero una breve propuesta de intenciones y luego, para las candidatas preseleccionadas, la postulación desarrollada). En caso de que la selección se realice por fases, publicar un listado con los proyectos seleccionados en cada una de ellas.

– Estandarizar los formatos de los documentos que se suelen pedir (por ejemplo dossier, CV y carta de motivación) o utilizar formularios con campos a completar.

– Procurar flexibilidad a la hora de aceptar diferentes formatos de presentación de proyectos más allá del tradicional texto descriptivo, para posibilitar la aplicación de participantes discapacitades.

En la estimación del presupuesto y plan de trabajo, valorar su viabilidad pero también considerar la necesidad de flexibilidad[41].

Comisión evaluadora

– Buscar la mayor heterogeneidad posible en términos disciplinarios y tener en cuenta la **inclusión** de personas con diversos bagajes y líneas estéticas en las estructuras de toma de decisiones, así como personas de comunidades infrarrepresentadas.

– Considerar personas que pueden tener más familiaridad, conocimiento, vivencias y/o herramientas para evaluar determinadas temáticas o áreas, especialmente

---

41 Sobre la flexibilidad del plan de trabajo, se pone sobre la mesa la problemática de las políticas del tiempo; la diferencia entre tiempos de vida y tiempos institucionales ¿a partir de qué cuerpos se miden los plazos de producción? Puede revisarse la entrada del glosario de "Tiempo".

vinculadas a **diversidad** sexual, racismo, colonización, **capacitismo**, entre otras.

– Hacer públicos los nombres de las personas que integran la comisión evaluadora.

Transparencia

– Los criterios de selección deben ser explícitos, coherentes con las bases y desincentivar propuestas precarizantes.

– Facilitar un enlace donde se puedan consultar las propuestas ganadoras en convocatorias anteriores.

– Explicitar con claridad lo que ofrece la convocatoria, que no esté incluido en honorarios o recursos materiales (como por ejemplo acompañamiento, contactos, recursos materiales).

– Especificar cómo y cuándo se realizarán los pagos, cómo deben facturarse y qué alternativa se ofrece a las personas no autónomas, sin documentos nacionales o en situación irregular.

– Aclarar qué implica la cesión de derechos y las condiciones de seguridad para les artistas y sus obras, independientemente de su condición administrativa.

– Proporcionar feedback (retroalimentación) a las personas que hayan postulado sobre el resultado mediante evaluaciones, puntuaciones o comentarios, para aportar información para futuras mejoras y transparencia sobre los motivos de la aceptación o no de la propuesta.

FASE 2: EVALUACIÓN Y EJECUCIÓN DEL PROYECTO SELECCIONADO

Fase dedicada a proponer aspectos que deberían formar parte del proceso de evaluación y ejecución del proyecto una vez haya sido seleccionado.

Sobre las comisiones evaluadoras:

1. Que sean lo más heterogéneas posible y evitar que sean siempre las mismas personas quienes evalúan los proyectos. El trabajo de las comisiones evaluadoras se refleja en los proyectos u obras seleccionadas. Se sugiere que estas comisiones se conformen con el objetivo de posibilitar el acceso de artistas subrepresentados y dar espacio a la realización de propuestas diversas.

2. Partiendo de la base de que hay diversidad en el jurado y en los proyectos, todes les miembros del jurado deberían leer todos los proyectos, y para ello deben contar con suficiente **tiempo** y remuneración.

3. Que la organización convocante haga una primera selección de proyectos que no cumplen con las bases, para que el jurado pueda concentrarse en la lectura cuidadosa de los proyectos.

4. Si hay proyectos de comunidades infrarrepresentadas que quedan excluidos de forma recurrente o puntual por no cumplir las bases, se debe reflexionar sobre el por qué y ofrecer asesoramiento, ayuda, o solicitar documentación faltante, etc.

5. Establecer una puntuación por ejes o temáticas para sistematizar la retroalimentación de cada proyecto y poder proporcionarla a las personas y artistas posteriormente.

6. Tener en cuenta la toma de posición y la responsabilidad sobre los vínculos interpersonales y su influencia sobre los proyectos.

Recursos para la realización de los proyectos seleccionados

1. El acuerdo entre le artista y la institución debe de ser justo, transparente y claro respecto a la relación jurídica (si la hubiera) y a los compromisos y responsabilidades de ambas partes, respetando el discurso del proyecto.

2. Desarrollar protocolos para evitar la instrumentalización identitaria, corporal o política de les artistas o proyectos seleccionados que pertenezcan a comunidades infrarrepresentadas, a través de difusión, documentación y visibilidad. Evitar la **tokenización** de ciertes artistas por sobre otres.

3. Hacer efectivos y disponibles todos los recursos de los que disponga el espacio, tanto técnicos, humanos, económicos como las alianzas con otros espacios o agentes culturales que puedan facilitar la **accesibilidad** en su ejecución.

4. Pagar la producción, los gastos de desplazamiento y otros gastos necesarios para cumplir con los objetivos de la convocatoria y el plan de trabajo.

5. Procurar soluciones en caso de posibles conflictos y dificultades prácticas durante la ejecución del proyecto, como comités de crisis, formas de pago alternativas a las facturas, mediadoras con experiencia en diversas áreas de **exclusión** (racismo, **capacitismo**, cissexismo, etc.).

Relación institución—artista

1. Que la institución ofrezca alternativas para facilitar la comunicación en caso de que le artista utilice otros idiomas o lenguas y tenga necesidades especiales o diferentes.

2. Tomar en cuenta la opinión de les artistas en la toma de decisión sobre su asesora, acompañante o asistente de producción, y permitir que les artistas puedan solicitar consultoría, asesoría o asistencia de producción externa según sus necesidades si la institución con contara con opciones adecuadas.

3. Remunerar correctamente la asistencia personal o el tipo de mediación requerido, procurando las condiciones adecuadas para desarrollar sus funciones y proyectos, considerando sus circunstancias personales o estructurales (maternidad, neurodivergencia, factores de salud física / psíquica, etc.).

4. Si la institución ha planificado una estrategia de difusión del proceso de trabajo y de las instancias de socialización, en caso de tenerlas, es importante considerar el tiempo que les artistas dedican a la difusión como **tiempo** de trabajo y remunerarlo adecuadamente.

Para cerrar

El trabajo crítico en torno a las convocatorias, que se centra en mejorar algunas de sus formas de operar, no resolverá necesariamente el fondo de la situación. Sin embargo, hemos descrito algunas acciones prácticas de fácil implementación para contribuir a revertir de alguna forma las injusticias estructurales que permean el campo del arte en nuestros contextos.

Tras este proceso, consideramos necesario construir estructuras con más tiempo, lentitud, atención, **transparencia** y voluntad de transformación. Cualquier implementación de procesos deberá reflejarse en modificaciones de las formas de hacer cotidianas, en los pequeños gestos y prácticas, ya que no es posible cambiar estructuras enormes sin repensar y accionar desde lo pequeño.

Las convocatorias, como se mencionó al principio, son una de las principales vías de acceso al espacio cultural. En este sentido, es fundamental cuestionarlas con criterios de accesibilidad para que, como hemos mencionado, las comunidades que carecen de representación en el espacio cultural puedan llegar a tenerla. De esta manera, las formas en las que se produce arte pueden ir transformándose.

Un apéndice sobre los cuidados[42]

Los procesos de evaluación de las acciones institucionales o actividades no incluyen información referente a los cuidados, sino que se centran únicamente en las actividades que pueden ser evaluadas públicamente. No se evalúan las prácticas institucionales. De hecho, uno de los términos que más se ha explotado en los últimos años es el de "cuidado", que pertenece específicamente al ámbito de la cultura, ya que la figura del curador/a etimológicamente proviene de la misma raíz latina *curare*. Aunque la intención evidente es enfatizar relaciones más cuidadosas entre instituciones, productores culturales, participantes, público y trabajadores, también sospechamos que el concepto de "cuidado" se ha convertido en una forma de enmascarar una falta de justicia real, o un intento de sustituir derechos por afectos. Siguiendo el hilo del debate sobre cuidado v/s justicia expresado anteriormente, decidimos responder a este cruce invitando a conversar a Rafaela Pimentel, activista feminista dominicana y fundadora del colectivo Territorio Doméstico –organización que lucha contra la discriminación y la explotación en el sector del hogar y los cuidados– para hablar específicamente en relación con su uso del arte y la cultura como herramienta de militancia en relación con las instituciones culturales.

Las malas condiciones de trabajo de los trabajadores de mantenimiento invisibilizados que apoyan la estructura cultural a través de su trabajo físico de "cuidado" son una parte del debate sobre los recursos que no suele hacerse

---

42 Este apéndice ha sido redactado por Giuliana Racco a partir de la intervención realizada por Rafaela Pimentel del colectivo *Territorio Doméstico*, en el marco de esta investigación. La intervención de Rafaela se realizó como una conversación entre Lucía Egaña, Giuliana Racco y ella misma en el programa de formación cultural *(crear) Situaciones: arte y pensamiento participativo* en el Centre d'Art Santa Mònica, centrado en el concepto de hogar.

presente. Aunque en relación a los artistas se trata de posiciones muy diferentes, ya que una está más visibilizada que la otra, existe una precariedad impuesta a ambos tipos de trabajadores por la misma estructura. Por esto, y también pensando en cuestiones de **condiciones laborales**, transcribimos a continuación fragmentos del diálogo mantenido con Rafaela Pimentel en torno a conceptos de cuidado, justicia social, y relaciones con las instituciones culturales.

Desde la lástima nada, desde la dignidad todo

No hablamos como víctimas, sino como mujeres potentes y con agencia. Estamos en primera línea de esa lucha. Nosotras logramos que ese arte que hacemos, que esas herramientas que hemos construido, se conviertan en arte. Creemos que es algo que nos ha dado la potencia para luchar por nuestros derechos, para construir un discurso sobre los cuidados, para llegar a que sean reconocidos y socializados, y dejar de estar las mujeres sosteniéndolos siempre. Esa es nuestra manera de hacer a través del disco, de las canciones, del teatro, de nuestra pasarela[43].

Entramos en un museo como el Reina Sofía, donde realizamos un proceso con más de 25 grupos llamado *Museo situado*. Nosotras veíamos que el Reina Sofía estaba a las espaldas de un barrio como Lavapiés en Madrid, un barrio muy mixto, donde ocurren un montón de cosas; un barrio donde se estaban realizando desahucios a tutiplén. Donde había violencia hacia las mujeres, y todo tipo de violencia. Un barrio con su propia gente y diversas culturas. Entonces fue muy potente para nosotras, como colectivo,

---

43 Algunas de estas producciones pueden ser consultadas online como por ejemplo el disco, que se encuentra en https://soundcloud.com/territoriodomestico (consultado el 30.01.2023), o la performance de la pasarela que puede ser vista en el siguiente video: https://vimeo.com/519001550 (consultado el 30.01.2023).

formar parte del museo situado. En un principio le llamamos "agujerear el museo" porque la imagen era hacer un gran agujero para acceder a la institución.

Así, la gente del barrio podía visitar los jardines del museo, ver una exposición y no tener miedo al entrar al museo. Muchas personas, por ejemplo migrantes, no entran al museo porque tienen miedo de ser apresados por los guardias que hay en las puertas. La gente del barrio no sentía que podía ir a tomar el fresco a unos jardines que son preciosos, o que pudiera hacer un recorrido por ese arte que se alojaba ahí adentro. Ese fue uno de los objetivos y creo que ha sido una gran experiencia. Esta relación con el museo, con el arte, para muchos colectivos ha sido importante y potente. Existen distintas maneras de hacer arte, **diversidad** de formas de expresarlo, de poner el cuerpo e involucrarse. Esto nos lleva a cuestionarnos qué entendemos como arte y cómo se manejan los recursos destinados a la cultura, porque yo creo que todas las formas de arte tienen una potencia y una importancia.

No sólo luchamos por los derechos laborales, sino también por la reorganización de los cuidados, de manera que no sean responsabilidad exclusiva de las mujeres. Queremos un sistema de cuidado público y comunitario donde nadie se quede fuera. La privatización del cuidado crea brechas laborales. Defendemos el derecho a cuidar y a no cuidar, para romper con la esclavitud en el trabajo dómestico. No sólo estamos hablando de derechos laborales. Nuestra perspectiva ha sido: "vamos a luchar por los derechos, por nuestros derechos laborales, pero vamos a luchar también por una reorganización de los cuidados, para liberar a las mujeres de la carga constante de sostenerlos, como ha pasado a lo largo de la historia".

En este contexto, estamos abordando la tarea de construir entre todas un sistema de cuidado público y comunitario, de manera que ninguna persona quede excluida por no tener derecho al cuidado. Los cuidados en la actualidad se están mercantilizando cada vez más. Empresas privadas las que están haciendo este trabajo, produciendo más precariedad, exacerbando y erosionando derechos fundamentales como la sanidad pública, la educación y las condiciones dignas de residencia, con el objetivo de evitar situaciones similares a las vividas durante la pandemia.

Cuando estos derechos nos son arrebatados, muchas de nosotras volvemos a las casas a cuidar porque todavía estamos hablando de brechas laborales. Siempre recae sobre nosotras la carga de los cuidados, porque hay un sistema patriarcal que funciona todavía con brutalidad. Como colectivo, fue muy importante que dijéramos: "Vamos a luchar no sólo por nuestros derechos laborales, sino también por el derecho al cuidado. Además vamos a luchar para que no seamos las mujeres las que tengamos que estar realizando siempre los trabajos de cuidado y los trabajos domésticos".

Definimos los cuidados como acciones para gestionar la vida, no solamente la de los seres humanos sino la de todo el planeta. Decimos "cuidar" a todo lo que se gestiona en la vida, todo lo que es, todo lo que hace que funcione un sistema. Una sociedad. Sin los cuidados, una sociedad no podría mantenerse en pie. Y no hablamos únicamente del cuidado de las personas, ya que somos interdependientes y todas necesitamos cuidado en distintas etapas de la vida. No obstante, cuando hablamos de cuidado, también nos referimos al cuidado de la naturaleza. Si no cuidamos este sistema vital, tampoco podremos sostener la vida. Por ello, queremos enfatizar la importancia de los cuidados y por qué demandamos derechos en este ámbito. Los cuidados deben situarse en el centro de la vida. Es crucial reorganizarlos de manera distinta a como se ha hecho hasta ahora en nuestras sociedades.

Como trabajadoras, estamos exigiendo no sólo derechos laborales, sino también el derecho a una vida digna, una vida que merezca experimentar la alegría de ser vivida. Creo que, como trabajadoras del hogar, estamos exigiendo unos derechos que no son exclusivamente laborales, sino también el derecho a vivir como ciudadanas en una sociedad que cada vez más precariza nuestro trabajo. Se está configurando una perspectiva laboral que trascienda la mera remuneración. Además, existen sectores laborales en los que el cuidado todavía no ha sido incorporado. Esto se refleja, por ejemplo, en la forma en que los sindicatos históricamente han pasado por alto el trabajo doméstico y los cuidados, sin considerarlos como formas válidas de empleo.

Las reflexiones y demandas de Rafaela Pimentel podrían funcionar como una hoja de ruta para pensar las políticas culturales y los espacios institucionales de la cultura.

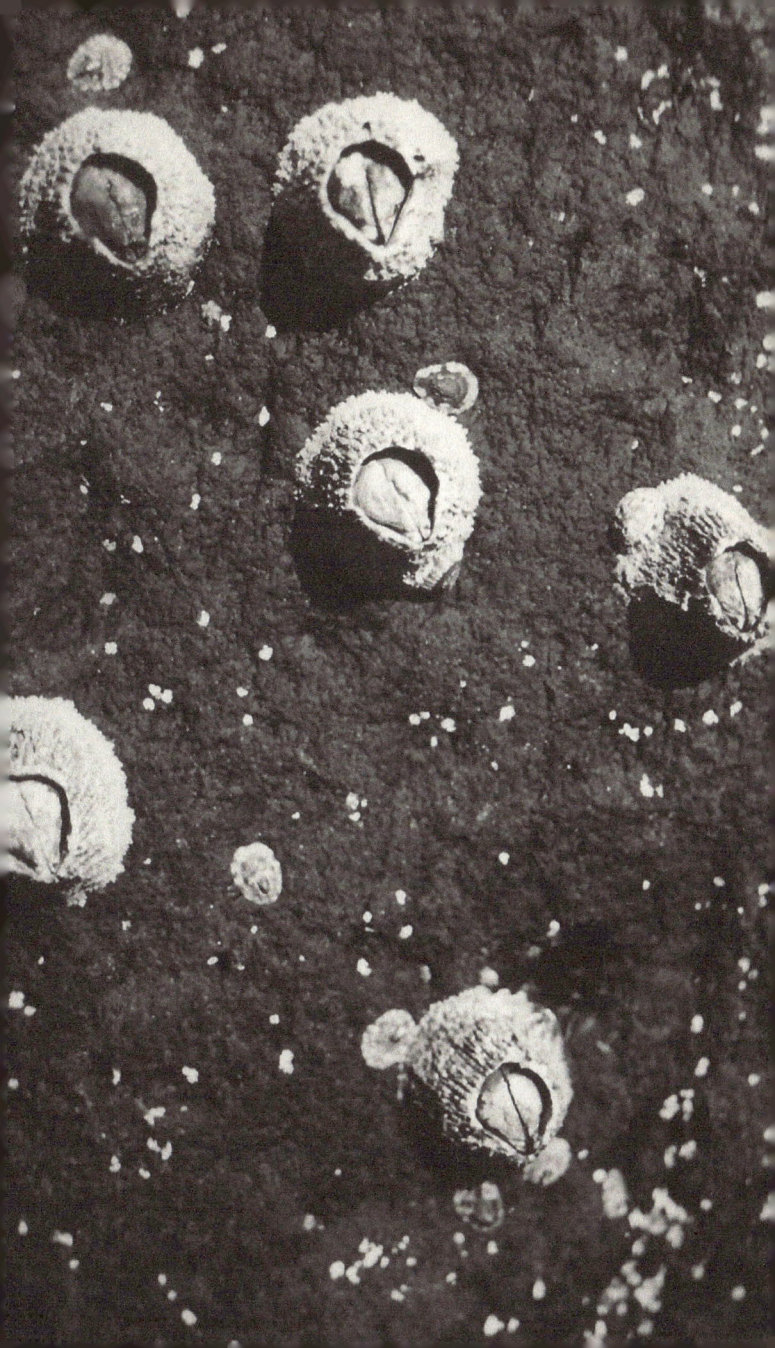

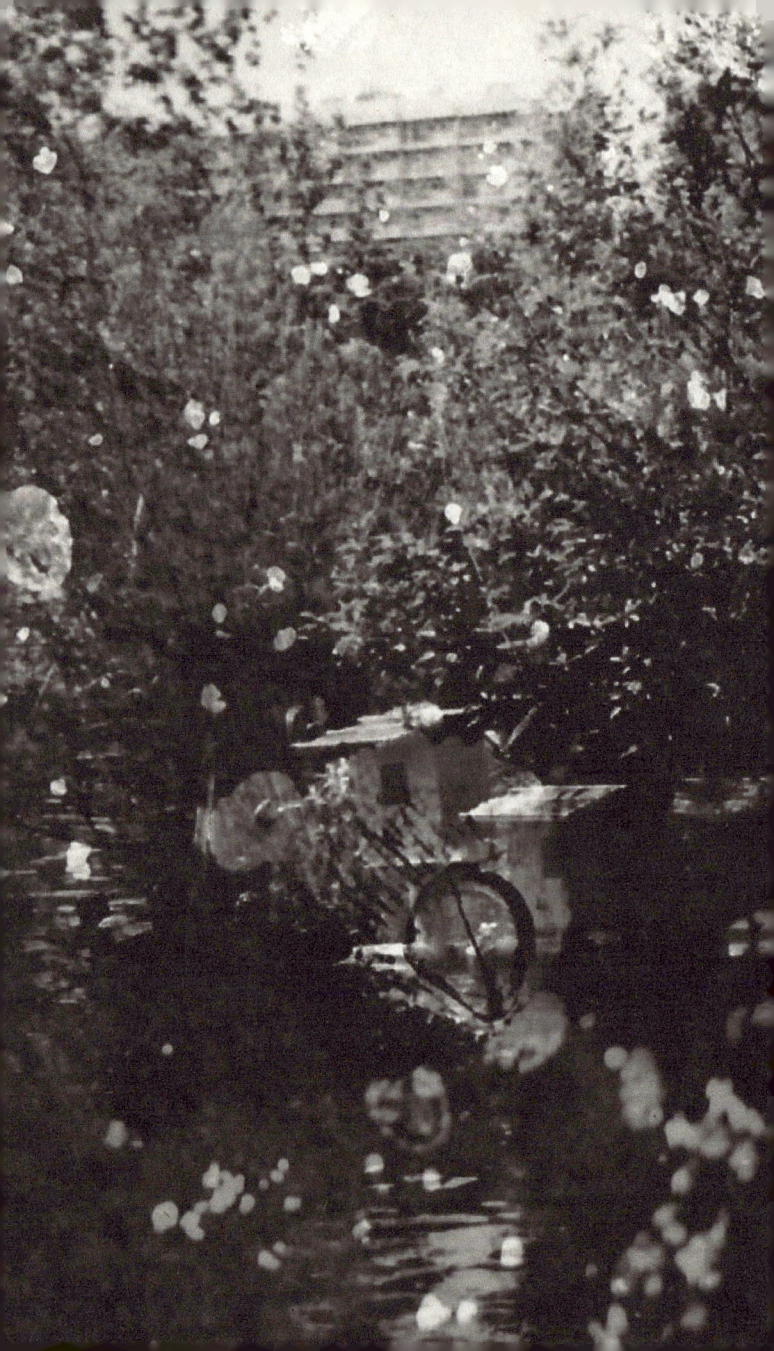

PREGUNTAS PARA UNA INSTITUCIÓN, CURADORES O GESTORES DE RECURSOS

A la hora de elaborar una serie de preguntas para proponer a una "institución" (ya sea curador, artista, o gestor de recursos), debemos tener en cuenta que, en el contexto de esta investigación, consideramos un amplio espectro institucional. Este espectro va desde centros que no han abordado ninguna forma de autocrítica en relación con los ejes que estamos explorando y que no sienten la necesidad de hacerlo, hasta aquellos que tematizan planteamientos críticos sin que estos los afecten estructuralmente. Como mencionamos previamente, notamos la existencia de una serie de gestos que tienen por objetivo lavar la imagen de una institución racista y excluyente, en lugar de buscar su transformación.

Idealmente, podrían existir instituciones que implementaran cambios estructurales, con la intención de producir transformaciones reales tanto en términos de programación e interacción con artistas, trabajadores de la cultura y público, así como en la organización y relación con el personal. Además, podría replantearse incluso la concepción misma de lo que es la cultura, superando todas las formas de *washings* y **tokenismo**.

El formato de la "lista de preguntas" parece ser una forma adecuada para ofrecer una síntesis o un posible ejercicio de (auto)crítica. Esta lista se ha inspirado en otras similares, como la de Black Artists of Switzerland (blackartistsinswitzerland.noblogs.org) y la de Francisco Godoy Vega e iki yos piña narváez (2021, 103–4), de la cual surgen las siguiente preguntas:

¿Qué cuerpos, racialmente hablando, están en los espacios de toma de decisión de la institución u organización? ¿Cuántos de esos cuerpos no son heterosexuales?

¿Quién está contando la historia de quien?

¿Quién se beneficia económica y simbólicamente de las memorias de la herida colonial? ¿Cómo me beneficio de la memoria colonial a nivel laboral, académico o incluso de turismo?

¿Qué públicos no blancos son parte de las actividades o exposiciones que organizamos?

¿Cuántas personas no blancas forman parte de nuestro colectivo, organización, asociación, institución?

¿Cuántas personas/colectivos/instituciones no blancas o del sur global son referentes intelectuales, activistas o artísticos? ¿Cuántas de ellas no son heterosexuales?

¿Cuántas personas no blancas cumplen labores asistenciales en mi institución o mi casa (limpieza, cuidado de niñes y abueles, seguridad)?

¿Somos cómplices de un sistema de desigualdad naturalizado? ¿Qué hacemos al respecto?

¿Cómo redistribuyo mis privilegios raciales?

¿Tenemos algún protocolo de actuación en relación a violencias racistas?

Las siguientes preguntas surgieron en medio de las discusiones del grupo de trabajo de esta investigación durante el primer semestre del año 2022:

Lo que sucede en términos de acceso en las instituciones culturales tiene que ver también con sus estructuras internas. Por lo tanto es necesario analizar y reflexionar en torno a las jerarquías de las instituciones que se organizan piramidalmente, y en cómo se distribuyen los recursos y reconocimientos de cada una de las funciones que las componen. Es claro que las posiciones con mayor jerarquía toman la mayoría de las decisiones o las más relevantes, en este sentido ¿cómo las **"diversidades"** podrían hackear esas pirámides y lógicas en la toma de decisiones?

¿Cómo decidir qué personas/cuerpos están dentro/quién compone una institución, quiénes están en las comisiones, cuáles presencias (qué luchas políticas y sociales) administrarán los recursos para evitar **tokenismo/fichaje simbólico**?

¿Cómo hacer para que las élites blancas, heterocis y "capaces" no sigan decidiendo qué pasa con las personas más vulnerables, mientras que esas personas quedan excluidas de cualquier tipo de liderazgo o toma de decisión sobre sí mismes?

¿Cómo incentivar la participación diversa, de forma que no sea sólo exigir a las personas diversas trabajar más por su propia participación, sino que la estructura institucional u organizativa tendría que ofrecer espacios de acompañamiento, asistencia o asesoría a largo plazo que aseguren esas participaciones?

¿Qué pasaría si parte de la programación cultural es generada por grupos periféricos?

¿Cómo se puede practicar conscientemente la decolonialidad en sus curadurías?

Respecto a la programación, entendemos que es un asunto complejo y significativo y que arrastra una serie de preguntas concretas que tienen que ver con:

¿Quién está haciendo la programación?

¿Qué piezas/obras están siendo programadas?

¿En qué espacios se presentan estas piezas? ¿Cómo se relaciona el espacio con el binomio centro/periferia?

¿Qué piezas/obras ocupan el centro de la sala de exhibiciones o el escenario? ¿De qué color son?

¿De qué color es la programación general de un espacio?

¿Cuán heterosexual es tu programa?

¿Tienes un programa disca, al que pueden asistir personas discas?

¿Para qué cuerpos está pensada la puerta, la invitación, el sonido, las sillas, el texto, el idioma, la palabra, el sesgo, el ruido, el trazo, la inclinación?

A la hora de programar, es importante considerar la institución como parte de su contexto y no en un aparente estado de aislamiento. Esto implica visualizar la programación en términos de sus efectos y repercusiones, tanto en todas las personas que la vean como en su contexto barrio, en su contexto ciudad e incluso internacionalmente. ¿Qué provoca?¿Cómo contribuye a la construcción de un futuro? Por ejemplo: ¿Perpetua un status quo o lo cuestiona?

Varios temas surgieron en nuestro grupo de trabajo como inquietudes localizadas, al observar el contexto cultural de la ciudad de Barcelona. Por ejemplo:

La pregunta en torno a qué personas tratan determinados temas dentro de las instituciones, y cómo para algunos (por ejemplo, asuntos relacionados con la negritud) son invitadas artistas de fuera (angloparlantes en general) y no se realizan esos mismos encargos a artistas/agentes locales; en este sentido es que constatamos que no se reconoce lo que pasa a nivel local. A veces, se invita a gente extranjera a explicar debates que se vienen abordando desde hace más de una década, y por no tener legitimidad (no haber transitado por los principales centros culturales del norte) no se toman en cuenta a las personas que han desarrollado estos temas.

La programación es la decisión de un curador, director o programador, quienes de alguna forma definen lo que se verá en un lugar en los próximos años. Así, les artistas comienzan a abordar "temas de moda" y crean obras para "encajar" con la programación elegida por los centros e instituciones44. Esto se relaciona con la obsolescencia.

Existen eventos como festivales institucionales o bienales en los que las propuestas internacionales son programadas en lugares prominentes, mientras que las propuestas locales son ubicados en circuitos considerados "menores". Esto genera jerarquías y unas distribuciones desiguales de los espacios, la remuneración, los recursos y la visibilidad.

---

44 "Junto con el 'boom latino' y la nueva moda multicultural, la cultura fronteriza se convirtió en el sabor del mes en el mundo del arte, e incluso los artistas más apolíticos comenzaron a llamarse artistas 'fronterizos'" (Gómez-Peña 1991, 29).

En el ámbito del capacitismo, podemos referirnos al texto de la artista estadounidense con enfermedades crónicas Carolyn Lazard (2019) que nos ofrece otras preguntas básicas para que los espacios e instituciones de arte se hagan cargo de la **accesibilidad** *y sus distintos tipos de público*[45]:

¿Quién viene a nuestros eventos?

¿Por qué esa gente viene a nuestros eventos?

¿Quién no viene a nuestros eventos?

¿Por qué esa gente no viene a nuestros eventos?
¿Tus exposiciones, proyecciones, actuaciones y charlas reflejan la comunidad que deseas traer a tu espacio?

¿Abordan las preocupaciones, necesidades, y discursos de dicha comunidad?

¿Cómo pueden las instituciones pensar a través de su programación y exposiciones de forma holística formas que se pliegan y se expanden desde varias comunidades?

¿A qué distancia está tu espacio de la estación de metro o autobús más cercana?

¿Es esa una estación de metro o de autobús accesible para silla de ruedas?

¿Estás en un barrio donde hay calles cortadas?

¿Estás en un barrio que es bastante concurrido por taxis?

45 La traducción de estas preguntas es nuestra y corresponde a preguntas extraídas de las páginas 7, 9 y 29 del libro de Lazard (2019).

¿Hay estacionamiento en la calle cerca de donde vives?

En el grupo de trabajo reflexionamos en torno a preguntas que podrían realizarse a instituciones que incorporan gestos que aparentemente significan procesos de autocrítica, como podrían ser:

¿Qué es una **institución blanca**? ¿Cómo se construye su relato?

¿De qué manera se reproduce la predominancia de las políticas de la blanquitud en los espacios institucionales?

¿Cuál es la relación entre la historia política de la institución y las intervenciones críticas (exposiciones, festivales, seminarios, programas pedagógicos, etc.) que se dan en su interior?

En los últimos 20 años se han ido dando una serie de eventos marcados por la incorporación de discursos críticos a nivel institucional ¿Cómo ves que la institución ha realmente cambiado estructuralmente en estos últimos 20 años? ¿Cómo imaginarías los cambios que vendrán en los próximos 20 años?

¿Cuáles son los tipos de **exclusión** que se producen dentro de contextos y eventos que se plantean con perspectiva, por ejemplo, feminista, queer, decolonial, entre otras? ¿Cómo es que se sigue reproduciendo en estos espacios críticos la supremacía blanca o los patrones capacitistas?

¿Con qué personas trabajas?

Y en relación con el contexto específico de Cataluña:

¿Cuál es la relación de la institución con la memoria colonial? En caso de tener colecciones o de situarse en edificaciones con pasado colonial ¿cómo repercute esto en sus convocatorias?

¿Qué implica la salida de poblaciones vulnerables/migrantes de barrios populares por procesos de gentrificación en los que han contribuido las instituciones culturales?

¿Cuáles son las relaciones Norte–Sur que imperan en los relatos institucionales y cómo se reproducen relaciones jerarquizadas entre referentes, eventos, instituciones que traspasan el contexto local?

¿Quién financia los museos del reino de España? A veces, las aportaciones académicas o culturales funcionan como "ventanas" al mundo. ¿Qué contenidos se programan y con qué financiación de otros países operan los museos españoles? ¿Hacia qué dirección están orientados?

¿Quién financia el acceso a la cultura?

Tras las intervenciones puntuales que incluyen temas en sus programas, actividades o invitadas, ¿Qué aspectos se han transformado? Si se hiciera un balance de las actividades llevadas a cabo ¿cuál sería el impacto de las mismas?

¿Cuáles son los momentos en que consideras que algo ha ido realmente bien? ¿Con qué nos quedamos? (¿la visibilización de un problema puede considerarse un cambio real?)

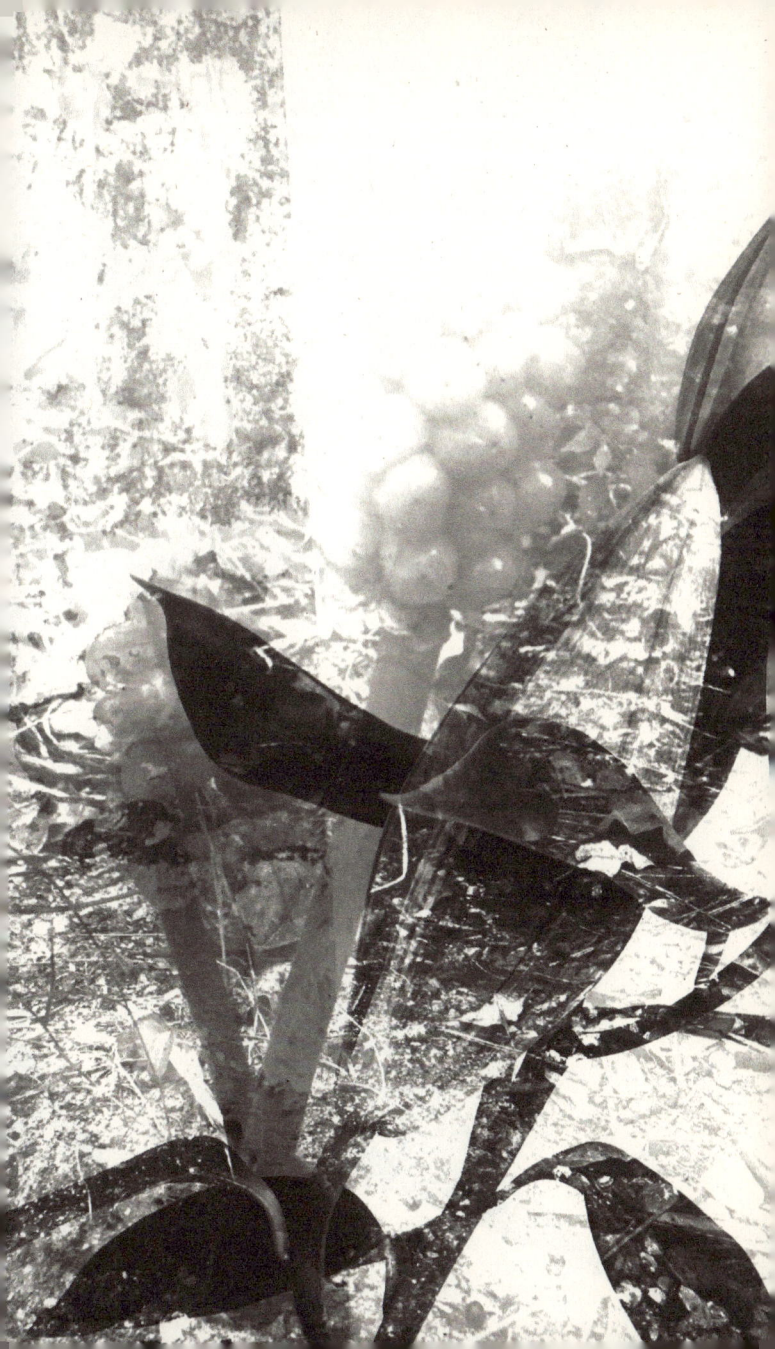

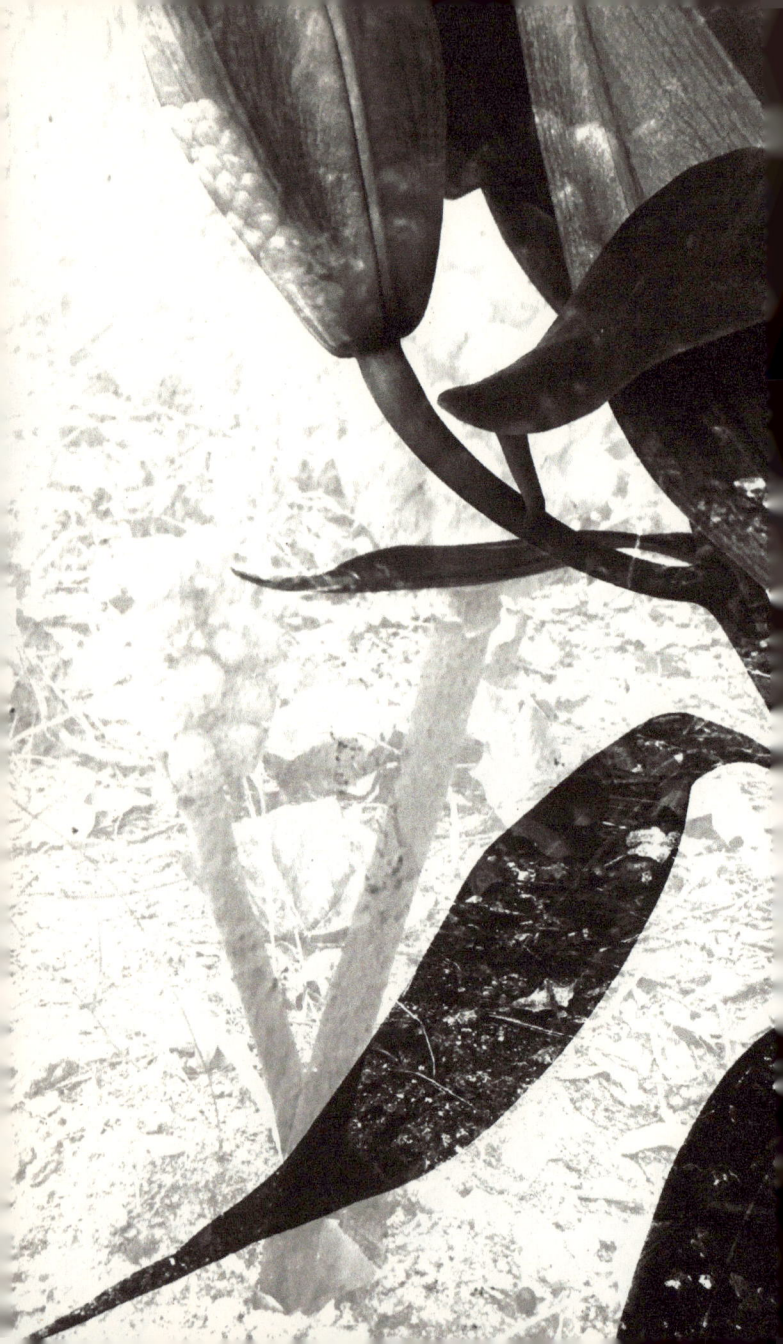

ENTREVISTAS

Hemos llevado a cabo diversas entrevistas con agentes locales, nacionales e internacionales durante la investigación, con el objetivo de recoger posicionamientos y conocimientos situados en los ejes concretos de este estudio. Se trata de agentes, artistas, curadores o gestores que en algunos casos han preferido mantener su anonimato. Todas personas referenciales y cuyo trabajo es de suma relevancia desde diversas perspectivas.

iki yos piña narváez funes
Cimarrona—fugitiva. caribeñx, escritorx, performer, Forma parte del colectivo Ayllu, la cooperativa Periferia Cimarrona (Barcelona) y el grupo experimental de pensamiento negro radical "in the wake" del espacio afro (Madrid). Ha participado en textos: Devuélvannos el oro, "no existe sexo sin racialización", (h)amor trans, Futuro Ancestral, entre otros. Sus creaciones artísticas en colectivo forman parte de la Colección del Museo Reina Sofía, ha participado en la Bienal de Sidney (2020), La Trienal de las Artes en Brasil (2021), Bienal de Kochi, La India (2022).

1.   En tú experiencia con las instituciones culturales ¿cuáles serían algunos elementos que podrías mencionar y describir como prácticas excluyentes? ¿Hay algunas que se produzcan especialmente en contextos y eventos que se plantean con perspectiva, por ejemplo, feminista, queer, anticapacistista, decolonial, entre

ENTREVISTAS – IKI YOS PIÑA NARVÃEZ FUNES

otras? ¿Cómo es que se sigue reproduciendo en estos espacios críticos la supremacía blanca o los patrones capacitistas?

iypnf. Algunos elementos excluyentes de las instituciones culturales en España tienen que ver con una dinámica de funcionamiento que reproduce estructuras fijas de la burocracia cultural y una falta de adaptación al territorio donde se sitúan. Poco relacionamiento con grupos emergentes y dinámicas sociales que se alejen de la lógica establecida, white—supremacista. Generalmente los casos de aproximación a otros universos simbólicos tiene que ver o por voluntades personales de sujetos/subjetividades que están en la dinámica institucional, presión social de colectivos organizados o por ·tendencias" y adecuación estratégica a estos vectores topping en el plano cultural. Logro identificar algunas prácticas y dinámicas excluyentes:

Convocatorias: Pensadas desde cuerpos locales, cuerpos blancos que ocupan la dimensión normativa en todo su espectro en función de la realidad que habita. Esto deja por fuera otras posibilidades a la hora de pensar y conceptualizar convocatorias o llamados a articulación colectiva con instituciones culturales.

Jurados: Forma parte de un circuito exclusivo compuesto por artistas, curadores, gestores culturales, pensadores blancos—europeos (en su mayoría cisgéneros) que evalúa los proyectos a partir del mindset y marcos interpretativos que les atraviesa.

Programación: Generalmente programaciones fijas basadas en el planning cultural que se replica anualmente de acuerdo a fechas tradicionales, de la cultura española/catalana y con variantes más o menos flexibles de

intencionalidades políticas más complejas dan posibilidades a otros relatos, estéticas, cuerpos que habitan
los centros, espacios culturales. ¿Cuántas actividades
públicas están programadas y pensadas para cuerpos
no normativos dentro de las instituciones culturales?
¿Cuál es el % de esas actividades en relación a las
actividades organizadas desde la hegemonía?

Patronatos: Son espacios exclusivos con poca permeabilidad y escucha. Se toman decisiones que impregnan
en toda la institucionalidad de manera directa, Esto
excluye a voces críticas y periféricas de estos espacios
centrales de toma de decisiones para acciones concretas en la institución.

Colecciones de Museos/archivos: La memoria histórica de los espacios culturales está poco permeada por
artistas/agentes/colectivos no blancos que habitan en
territorio español/catalán, incluso de artistas no blancos españoles/catalanes.

En espacios feministas blancos, ya con más aceptación en los centros de arte y cultura. la hegemonía del
sujeto "mujer" con anclaje genitalocéntrico tiene cada
vez más fuerza, muchas veces este discurso biologi-
cista excluye narrativas trans de espacios culturales y
de creación artísticas. El cuestionamiento de géneros
no binarios, expresiones de género no occidentales, se
hace notar. La inclusión de imaginarios sexodisiden-
tes a la cisgeneridad entra en disputa ocasionalmente
sólo en momentos espaciales y particulares de las
programaciones de centros y espacios culturales:
Junio, mes del pride. Esto hace que la programación y oferta cultural esté basada en la normalidad
cis—genérica capacitista porque implica procesos

más confortables para las instituciones el mantener dinámicas estándar de eventos, discursos y estéticas. Además, implica menos gasto: incorporar traducción en lenguaje de signos, subtítulos en braille en las exposiciones o display de los espacios culturales, significaría necesariamente una mayor inversión.

2. Puedes nombrar y describir cinco iniciativas que podrían llevar a cabo algunas instituciones o espacios culturales para ser un poco menos racistas, capacitistas, cissexistas?

i.y.p.n.f. Consejo asesor rotativo: Esto implicaría un grupo de trabajo permanente y rotativo sostenido y financiado por las instituciones culturales, el cual se reúna periódicamente para pensar, discutir, y asesorar las dinámicas culturales y programática de los espacios culturales. Este grupo estaría conformado por cuerpos y subjetividades no hegemónicas y normativas y tendría incidencia en la programación y oferta cultural de la institución.

Formación interna: Iniciar procesos de formación/sensibilización al personal interno por distintos departamentos de las instituciones culturales en temas relacinados al: Colonialismo, supremacía blanca, racismo, colorismo, negrofobia, especismo, discriminación, capacitismo, entre otros.

Convocatorias focalizadas: ¿Qué pasaría si parte de la programación cultural fuera generada por grupos periféricos? Generar espacios destinados a grupos sociales vulnerabilizados y periféricos que hacen vida en la ciudad y que posiblemente orbiten alrededor de la institución. Esta programación estaría ejecutada por grupos mal llamados minoritarios y se realizaría una convocatoria anual exclusivamente para este sector. Esto permitiría la generación de programaciones híbridas.

Consultas públicas: Generar mecanismos de participación activa y fluida entre la institución y colectivos y comunidades afectivas no hegemónicas: ofrecer espacios continuos para reunión, ensayo, espacios expositivos, salas comunes de encuentro, acceso a archivo y herramientas de creación.

Archivo y publicaciones híbridas: Pensar en manchar el archivo y despurificar el archivo de las instituciones culturales y construir una memoria histórica que implique la hibridez y la coexistencia en tensión, armonía o contradicción entre estéticas y relatos hegemónicos y otras narrativas. Procurar permear distintos dispositivos de depósito de la memoria como el archivo, la colección, los catálogos, publicaciones.

3. ¿Cuáles son las relaciones Norte—Sur que imperan en los relatos institucionales y cómo se reproducen relaciones jerarquizadas entre referentes, eventos, instituciones que traspasan el contexto local?

i.y.p.n.f. Los relatos universalistas construidos por occidente y los nortes globales estandarizan las múltiples relaciones y vectores lineales de relacionamiento entre distintas narrativas que son complejas y muchas veces subterráneas: el dibujar un sur estandarizado y homogéneo borra la posibilidad de encontrar distintos micro ecosistemas de sentidos presentes en los sures. Dentro de los sures hay hegemonías políticas acentuadas por marcadores de raza, clase, género, espiritualidad; estas posiciones logran tener mayo resonancia en contextos de los norte globales. Voces cis—blanco—mestizas, voces cis mestizas que tienen una lectura no crítica del mestizaje como ideología antiblackness y anti—indígena, voces con acceso a educación universitaria, voces con publicaciones que pueden ser mas oídas y validadas que otros procesos sin tanta resonancia. Hay una cadena de validación y jerarquía en el sistema del arte y la cultura, la academia y los activismos en abya yala y el caribe (mi territorio de procedencia) que se acentúa cuando determinados cuerpos/subjetividades (generalmente cuerpos cis, blancos mestizos de clase media) tienen presencia en los nortes globales e imposibilita muchas veces la aparición de otros/cuerpos/estéticas/experiencias que hacen y construyen procesos desde espacios de opacidad.

4.	¿Qué es una **institución blanca**, capacitista y heterocis y cómo se construye su relato? ¿De qué manera se reproduce la dominancia de las políticas de la blanquitud cis capacitista en estos contextos?

i.y.p.n.f. La institución blanca es un dispositivo de fagotización de relatos, estéticas, procesos, narrativas y discursos críticos generados por comunidades periféricas subalternizadas. Es una maquinaria de estandarización, de neutralización de la crítica. Es un engranaje burocrático de cuerpos blancos cis genéricos heterosexuales neurotípicos, encargados de mantener la supremacía blanca cisgenerica heterocentrada capacitista y genera capital simbólico y monetario a partir de este engranaje. Este dispositivo construye relatos e imaginario a partir de su incidencia en la ciudad, programación, display, publicaciones, archivos, memoria y deseo de pertenencia como "único lugar de creación", sueños de proyección y subordinación y la idea de éxito vinculada la la flecha del "progreso" construida por occidente y estas instituciones.

5.	En los últimos 30 años se han ido dando una serie de eventos marcados por la incorporación de discursos críticos en relación a diferentes formas de discrimación a nivel institucional, ¿qué cosas se han transformado?

¿Cuál podría ser el impacto de las propuestas?

i.y.p.n.f. La existencia de discursos críticos en torno a las consecuencias del modelo colonial con el que opera el mundo y la matriz moderna—colonial de opresión ha sido incorporada en instituciones de manera performática, cosmética. Se piensa que una institución que nace desde la matriz colonial puede en sí misma generar procesos de descolonización. Esto ocurre entre fuerzas de contradicción y la paradoja que hace posible la co-existencia energías de pulsión colonial y otras energías con derivas y demandas anticoloniales, de ruptura, generación de grietas, transformación. Estas tensiones están conviviendo desde hace más de 500 años, Quizás en las instituciones culturales en las últimas décadas tiene presencia y eso genera un impacto que es lo que identifico como un efecto espejismo de la inclusión (la ilusión de la inclusión) ante estructuras monolíticas de la supremacía blanca. Esto se traduce en la apertura a la crítica, la incorporación de discursos disidentes, narrativas de ruptura, generación de espacios simbólicos y al mismo tiempo de inamovilidad de las estructuras y de un maquillaje estratégico para el sostenimiento de la blanquitud.

6.   ¿Cuáles son los momentos en que piensas que algo en el mundo de la cultura ha funcionado bien? ¿Con qué nos quedamos? (por ejemplo la visibilidad ¿puede considerarse un cambio real?)

i.y.p.n.f. Considero que los momentos de permeabilidad institucional pueden generar espacios de agrietamiento a estructuras rígidas: procesos de incorporación de grupos críticos, no hegemónicos en espacios culturales. Esto se traduce en: grupos de trabajos híbridos, exposiciones con colectivos periféricos, adquisiciones de obras y materiales artísticos para colecciones de archivos y museos, incorporación en cargos públicos del ámbito de la cultura de cuerpos y subjetividades no hegemóni- cos. La visibilidad y la hipervisibilidad tiene varias dimensiones de apertura de imaginarios y al mismo, tiempo por un lado ratifica el "espejismo cultural" de la inclusión, promueve una dinámica replicable de tokenización de cuerpos no hegemónicos en los espacios culturales, lo que conlleva al extractivismo cultural y el mantenimiento de lo que Jota Mom- baça considera como la "plantación cognitiva". En este sentido, la incontinencia de visibilidad en las esferas de arte/cultura ayudan a borrar las prácticas radicalmente segregacionistas de las instituciones culturales en España.

LA INSTITUCIÓN
BLANCA ES UN DISPOSI-
TIVO DE FAGOTIZACIÓN
DE RELATOS, ESTÉTICAS,
PROCESOS, NARRATIVAS
Y DISCURSOS CRÍTICOS
GENERADOS POR CO-
MUNIDADES PERIFÉRI-
CAS SUBALTERNIZADAS.

Escrito anónimo en respuesta a las preguntas
Este texto ha sido redactado anónimamente
por un agente cultural del contexto catalán respondiendo a las preguntas de la entrevista.

En primer lugar, me gustaría remarcar que una institución está conformada por personas, prescindibles e intercambiables, que actúan bajo una serie de premisas enmarcadas en la misión, visión y valores que se inscriben su programación. Estas bases institucionales pocas veces se revisan ni, por supuesto, se cuestionan, pero los equipos acostumbran a refugiarse en ellas a la vez que atienden a sus propios criterios para programar y relacionarse con el entorno. Pero en su mayoría, ignoran una sociedad cada vez más cambiante, minorizan la confluencia Norte—Sur en su propio territorio y excluyen, o censuran, de manera consciente las múltiples formas culturales que se configuran en la actualidad.

No obstante, nuestro presente exige de manera apremiante la incorporación de otros discursos, experiencias y teorías en los marcos institucionales. Algunas instituciones, conscientes de esta urgencia y para no quedarse relegadas, reconocen la necesidad de una cierta renovación incorporando nuevos enfoques, pero sin cuestionar la misma institución ni a sus formas de trabajar, lo que lleva a una instrumentalización de las formas de "otredad" y una banalización de las "identidades". Se programan actividades que consideran suficientes para responder a las transformaciones sociales sin entender, que no es solo una cuestión programática, sino más bien holística. Porque se requiere una revisión de la relación de la institución con los procesos de investigación, creación hasta la promoción y proyección de las diferentes formas culturales y existenciales de un territorio.

Este cambio de orientación implica que en los equipos se disponga de sensibilidades, experiencias y procedencias plurales con capacidad de atender a esta complejidad. No hacerlo produce una espiral de jerarquización, exclusión e instrumentalización que no hace más que reproducir y perpetuar el racismo y el imperialismo latente cuando se quiere dar cabida, por ejemplo, al Sur Global en las instituciones. Incorporar equipos plurales podría proporcionar líneas de trabajo interesantes dentro de las mismas instituciones, desbordando la hegemonía teórica, la homogeneidad cultural y las prácticas discursivas de la blanquitud y el patriarcado.

En estos procesos, es fundamental considerar que la igualdad se logra a través de reequilibrios, lo que implica reconocer que no todas las personas parten desde un mismo lugar, coexisten múltiples experiencias atravesadas por la clase, el género, la raza o la religión, con niveles de oportunidades sumamente dispares. Por lo tanto, las instituciones deben estar abiertas a la heterogeneidad de las experiencias de las personas migrantes, negras, queer y feministas, y esforzarse para abrirse a estas formas de existencia mediante espacios de experimentación, laboratorios, formación, investigación, interacción y difusión. Esto supone renunciar a los enfoques puramente academicistas para encarnar, sin complejos, múltiples maneras de conocimiento y de los saberes. Es decir, implica romper con los relatos dominantes y las formas tradicionales occidentales de ver y comprender la realidad, a la vez que huye de los esencialismos reduccionistas que sólo conducen al estigma.

Por último, remarcar la importancia de que estas prácticas culturales no están dirigidas a la curiosidad y reconocimiento exclusivo de una audiencia blanca, sino que deberían ir destinadas a crear una masa crítica que permita a un grupo de población participar con cierta "normalidad" en la vida cultural. Porque, en cualquier caso, la cultura es un derecho básico. Por esta razón, tenemos derecho a ocupar y a participar en esos espacios, y también tenemos derecho de exigir cambios en ellos. Asimismo, las instituciones y sus equipos tienen la responsabilidad de responder a estas demandas, lo que supone un proceso de negociación constante, que puede ser arduo y desafiante, pero es muy necesario.

Elektra KB

Elektra KB, futurista Latinoamericane, artista Colombiane nacida en Odessa (Ucrania). Vive entre Nueva York, Bogotá y Berlín. Crip, Sick, Kuir, antifascista. Trabaja especulando alternativas de mundos, con textiles, video, instalación y tecnología. En utopías y distopías descubiertas, inventadas o documentales. Invitando al ludismo, a veces en una misión terapéutica de transformar espacios de trauma. Aborda: el cuerpo y la ciencia, las dinámicas de poder desde el sur global, las migraciones y los rituales del curar. Ha exhibido en Museos de Estados Unidos, Europa y China. Su trabajo ha sido publicado en Artforum, Artnews, Artsy, Bomb, Guardian, Hyperallergic y New York Times. Su obra está en las colecciones públicas del Yinchuan Moca y Varsovia Moma, entre otras.

1. En tu experiencia con las instituciones culturales ¿cuáles serían algunos elementos que podrías mencionar y describir como prácticas excluyentes? ¿Hay algunas que se produzcan especialmente en contextos y eventos que se plantean con perspectiva, por ejemplo, feminista, queer, anticapacistista, decolonial, entre otras? ¿Cómo es que se sigue reproduciendo en estos espacios críticos la supremacía blanca o los patrones capacitistas?

E.KB El problema principal, es que las instituciones en Europa siguen usando el modelo medico de discapacidad, en vez de usar el modelo social. El modelo social es el que debe usarse!

Siento que existe una aversión hacia les discapacitades. Creo que hay una falta de educación en las instituciones culturales, sobre todo en Europa. En mi experiencia en Berlín, he percibido hostilidad y violencia hacia las personas con discapacidad Parece que no se comprende que el problema radica en que el sistema funciona de una forma discapacitante. Esto se manifiesta en la forma en que se gestiona el tiempo y los espacios. La sociedad contribuye a generar discapacidad al no ofrecer accesibilidad y al diseñar todo de forma excluyente y capacitista.

Es innegable que en algún punto de nuestras vidas, todes seremos discapacitades. Por lo tanto, el ámbito de la cultura debe considerar escuchar a las personas discapacitadas e incluir artistas que se identifican como discapacitades,. Esto contribuiría a un proceso de aprendizaje genuino. Lastimosamente es un campo en el que la ignorancia prevalece. La accesibilidad debería ser algo normalizado, no algo considerado como 'especial'.

En las instituciones culturales, la falta de accesibilidad es predominante, sobre todo en países ricos europeos como Alemania o España. En contraste, las instituciones en Estados Unidos —gracias al movimiento de justicia social de activistas discapacitados— son más progresistas, ya que, primero que todo, la ley los obliga a cumplir con ciertas normas mínimas de accesibilidad. Sin embargo, es ampliamente común la falta de capacitación del personal, desde seguridad hasta curaduría y dirección. Se han registrado incidentes de agresión por parte de los porteros, así como la realización de preguntas incómodas, invasivas e ilegales acerca de la historia clínica privada de artistas o de trabajadores del arte.

Existe falta de accesibilidad en el espacio debido a barreras estructurales, como accesos con escaleras y ascensores inaccesibles bloqueados con llave, como ocurre en el KW Institute for Contemporary Art en Berlín. Hamburger Bahnhof, por ejemplo, es una institución donde sufrí abuso verbal, agresión y discriminación por usar una silla de ruedas del museo, por parte de guardias de seguridad. Ya que no sabían operar el ascensor para sillas de ruedas, y en su odio, esto inicio una serie de maltratos. Pedi hacer una queja, y les dije que cometían un crimen. Solo se burlaron, me hicieron *gaslighting* y me dieron una tarjeta postal para que escribiera una queja. Que seguramente iban a botar a la basura.

En general faltan sillas y espacios adecuados para sentarse. Las descripciones visuales para invidentes y personas con discapacidad visual con escasas en visitas guiadas y redes sociales. También se carece de intérpretes de lenguaje de señas, y existe desconocimiento e ignorancia acerca de los '*access* o *disability riders*'[46]. La incredulidad del personal de museos hacia el público discapacitado, que surge del odio y los prejuicios hacia las personas con discapacidad, es particularmente palpable en Madrid y en Berlín, donde la cultura capacitista y agresiva está normalizada.

Este fenómeno es especialmente evidente en los países europeos más ricos, donde se ha intentado corromper la palabra "discapacitado" mediante el uso de eufemismos ofensivos, con la intención de sugerir que la persona discapacitada no debe estar orgullosa de ser quién es, sino lo contrario, avergonzarse. De esta actitud surgen términos

---

46 Un "rider" es un conjunto de peticiones que une artista entrega a un local/sitio antes de un concierto, performance, exposición, presentación, sesión o compromiso y que la organización suele cumplir. Les artistas las utilizan para que todes sepan lo que tienen que proporcionar para que esa persona pueda hacer su trabajo. Un "Access rider" es un documento que detalla las necesidades de acceso. Les artistas discapacitades utilizan este documento para asegurarse de que se satisfacen sus necesidades de acceso y poder realizar su trabajo.

peyorativos, como el intento de popularizar el eufe-mismo 'diversidad funcional'.

Las prácticas excluyentes son estructurales (en el espacio y la arquitectura), es el Sistema.

2.   Puedes nombrar y describir iniciativas que podrían llevar a cabo algunas instituciones o espacios culturales para ser un poco menos racistas, capacitistas, cissexistas?

E.KB — Practicar conscientemente la decolonialidad en sus curadurías.

— Incluir artistas discapacitades en todas las exposiciones.

— Hacer todos los programas y espacios accesibles.

— Sostener espacios para artistas inmigrantes en situación regular e irregular.

3.   ¿Cuáles son las relaciones Norte—Sur que imperan en los relatos institucionales y cómo se reproducen relaciones jerarquizadas entre referentes, eventos, instituciones que traspasan el contexto local?

E.KB   Las relaciones jerarquizadas entre el Norte y el Sur se manifiestan claramente en las instituciones de arte estadounidense. Esta dinámica de jerarquía se refleja en la discriminación entre estadounidenses, 'latinxs' o estadounidenses de origen étnico latinoa-mericano e inmigrantes latinoamericanos. Siendo muy evidente la preferencia y las oportunidades dadas a las personas estadounidenses en este contexto. Adáesm, los individuos deben ajustarse a los estereotipos que el imaginario estadounidense considera 'latino' en apa-riencia y narrativa artística. Estos estereotipos tienden a centrarse en las representaciones de centroamerica-nos y caribeños, midiendo la latinidad, y otorgando la misma latinidad de parte del estadounidense al que llena la imagen de su estereotipo, creando así, una jerarquía de latinidades. Sin embargo, estas jerarquías invisibilizan la problemática de clase, ruralidad, falta de acceso a recursos, la historia de la Guerra y la violencia del mestizaje, lo cual contrasta a un inmigrante de un ciudadano.

La problemática de apaciguar el sentido de culpa del blanco del Norte Global se convierte en un juego jerarquizado y desinformado de *pantone*. En este escenario, la diversidad sudamericana apenas encuentra cabida, y se entiende poco de la vivencia post—colonial, las guerras civiles y los levantamientos populares. En lugar de ello, la atención se dirige hacia las políticas de identidad neo—liberales, en las cuales el sistema capitalista construye estrellas pop y 'buenos ciudadanos' que sirven como modelo de referencia. En este enfoque, el valor humano se aborda en términos de productividad y de seguir el modelo de escalamiento social conocido como el 'Sueño Americano'.

Con esta problemática, vemos poca participación de inmigrantes trans del sur global, ya que se prefiere el 'buen ciudadano trans', con papeles, estilo, estatus legal y referente de la moda de vanguardia que alimenta la cultura pop y la farándula. Dejando de lado, sobre todo, y siempre, a las mujeres trans inmigrantes latinoamericanas, en estatus de precariedad.

4.   ¿Qué es una institución blanca, capacitista y heterocis y cómo se construye su relato? ¿De qué manera se reproduce la dominancia de las políticas de la blanquitud cis capacitista en estos contextos?

E.KB Contrario a lo que algunos blancos del Norte Global puedan pensar, la blanquitud no se refiere exclusivamente al color de la piel, sino a una serie de privilegios étnicos, geográficos, económicos y diferencias culturales y de lenguaje. El Norte Global v/s el Sur Global. La supremacía blanca se hereda familiarmente por la forma de crianza, el contexto social y el acceso. El Sistema de supremacía blanca obedece al fácil acceso a recursos económicos según el lugar de nacimiento y el estatus de capacidad.

El privilegio heterocis

En instituciones de países del Norte Global, prevalece la misoginia en contextos que involucran a hombres cis homosexuales. Además, se observa una presencia de hombres gays en movimientos de supremacía blanca del 'Alt—Right', así como en el partido de la derecha republicana. Tanto mujeres trans como cis enfrentan micro y macro agresiones por parte de la élite homosexual con poder. El machismo se manifiesta en formas casuales, laborales, violentas y sistemáticas. Se evidencia la infantilización y el menosprecio de lo que no se consideraes deseable, como lo opuesto al hombre cis en términos de éxito, dinero, y deseabilidad.En esta dinámica, lo femenino tiende a ser asociado con lo enfermo o con la mujer mayor. De esta manera, se perpetúa la jerarquía de masculinidad en contextos hetero y homonormativos, lo que resulta en un desequilibrio del poder.

5. En los últimos 30 años se han ido dando una serie de eventos marcados por la incorporación de discursos críticos en relación a diferentes formas de discrimación a nivel institucional, ¿qué cosas se han transformado? ¿Cuál podría ser el impacto de las propuestas?

E.KB Definitivamente en el movimiento LGTBQ+ nuestros ancestros lucharon por abrir los espacios que estamos sosteniendo ahora.

Lo mismo ocurre con el feminismo interseccional y la disminución del poder de hombres blancos cis.

Podemos trabajar y ser incluides gracias a la militancia incesante de mujeres trans, cis, personas no binarias y masculinidades trans. También, hombres cis aliados que, sosteniendo posiciones de poder en instituciones culturales, han desafiado al estado y el status quo para abrirnos espacios en los que podemos abordar temas como la autonomía de nuestros cuerpos. Las personas blancas que son traidores de su raza, así como traidoras de clase y capacidad han formado una parte esencial y han participado activamente en la lucha por espacios inclusivos y para equilibrar la balanza que la agenda neoliberal demócrata presenta como propia. Estas son las personas con poder institucional con las que más he disfrutado trabajando.

Una mirada a la decolonialidad, está lejos, muy lejos de ser comprendida y practicada por las instituciones, que muchas veces tornan al fetichismo y las políticas identitarias liberales.

La discriminación hacia artistas y curadores inmigrantes latinoamericanos marginalizados es significativa, y existen niveles o categorías que dan preferencia institucional a los artistas estadounidenses de padres inmigrantes. Debería existir un espacio para ambos grupos, tanto inmigrantes como no inmigrantes. Sin embargo, en Estados Unidos, el discurso suele ser predominantemente nacional y no global, sin prestar mayor atención a los vínculos que existen entre Estados Unidos y Latinoamérica, ni a la inevitable endogamia presente en todo el continente Americano. Esto difiere con la situación en Europa occidental y en las sociedades que se basan en un sentido de comunidad en lugar de en el individuo, tal como Tocqueville documentaba en "*Democracy in America*". En estas sociedades, existe una apertura más amplia para trascender fronteras rígidas y considerar nuestras relaciones entre unos países y otros, así como dar cabida a una multiplicidad de discursos más allá del ámbito nacional. Así, las voces del sur global pueden ser escuchadas.

6. ¿Cuáles son los momentos en que piensas que algo en el mundo de la cultura ha funcionado bien? ¿Con qué nos quedamos? (por ejemplo, la visibilización ¿puede considerarse un cambio real?)

E.KB En mi experiencia personal, en el mundo de la cultura las cosas han funcionado bien cuando los trabajadores involucrados forman parte de una red activa de personas comprometidas en las luchas antifascistas, sindicalistas, feministas y de personas discapacitadas. Esto se debe a que existe una alianza que nace del interés por cambiar el sistema y vivir en un mundo mejor. Por ejemplo, he trabajado con curadores del Brooklyn Museum y el Museo de Arte Moderno en Varsovia. En el caso de las exposiciones que se enfocan en el tema ˜Crip˜, solo han funcionado en mi experiencia y en la experiencia de otros artistas Crip que conozco, cuando la curaduría es realizada por personas que forman parte de la comunidad discapacitada.

Entrevista Anónima a agente internacional

1. ¿Cuál fue el contexto que impulsó la necesidad de organizar una asociación de comisarixs negrxs en tu país?

A. I. La motivación impulsora fue la necesidad de contar con un espacio seguro donde poder reunirnos, conversar, intercambiar buenas ideas y desarrollar programas que nos interesan, ante el rampante racismo institucional.

2. En su experiencia con instituciones culturales ¿cuáles serían algunos elementos que podría mencionar y calificar como prácticas excluyentes?

A. I. No son las prácticas las que resultan excluyentes, sino las personas que lideran. Entonces, cuando se ofrece un trabajo, ¿quién se siente invitado a solicitarlo? Cuando comencé en [nombre de la institución], me di cuenta de que había mucha gente culturalmente diversa que presentaba su candidatura. Mi colega dijo: "Sí, porque eres líder. Piensan 'ella está liderando, así que tal vez yo tenga una oportunidad. Ella es la que está a cargo, mi cv no se leerá con prejuicios desde el principio". Por lo tanto, publicar una oferta de trabajo podría parecer sin intenciones racistas o excluyentes, pero las tiene si sólo la publicas en lugares donde los blancos se sientan convocados a postularse, y si no haces la diligencia debida ni la envías a otras personas para cambiar la narrativa. Así, la **diversidad** dentro del equipo de la institución creará un ambiente aparentemente seguro para reunir a más personas diversas dentro de la organización. También creo que uno de los elementos que muchas organizaciones no comprenden es que está bien tener una programación diversa para decir "tenemos este artista chino, este artista negro, o este que es esto otro". Sin embargo, si en la organización, en una ciudad como [nombre de la ciudad], no hay personas racializadas con agencia para decir "sí" o "no", entonces no estás haciendo tu trabajo. Lo que resulta evidente es que las comunidades a las que supuestamente estás abriendo tus puertas no son ingenuas y se dan cuenta de la falta de involucramiento de personas de color. Si realmente quieres hacer un cambio, necesitas elegir líderes que representen ese cambio, que hablen con voces diversas. No significa que necesites a todos, pero sí requieres una masa crítica para que alguien externo crea en el proyecto.

3.   ¿Dónde están los ejes de cambio, en qué departamentos, qué roles/personas aceptan más los cambios / se resisten más los cambios?

A. I.   Todos deben comprender la diversidad y la **equidad**, independientemente de su departamento. Hay mucha más diversidad en los bancos; por supuesto, en la parte superior todos son blancos y hombres. Sin embargo, si miras la banca en general, encontrarás mucha más diversidad que en la cultura. Esto se debe a que todo se trata de ganar dinero, y necesitan nuevos mercados; no son estúpidos. En la cultura, la resistencia es más notable en las capas altas. En el museo, los curadores son los peores en este aspecto. Cuando menciono las capas altas, no me refiero necesariamente a los directores ejecutivos, sino a los mandos intermedios. En los museos, son los curadores quienes pretenden ser aliados, pero en realidad no lo son. El liderazgo marca la pauta.

4.   ¿Cómo se puede evitar el *tokenismo*?

A. I.   Contratando líderes que realmente se preocupen y que demuestren un compromiso con la diversidad tanto en su vida laboral como en su vida privada. Contratar personas capaces de mostrar un historial de interés hacia los demás y comprender las situaciones que enfrentan los demás.

Quiero enfatizar que, en lugar de decir que siempre se trata de cuestiones de color, en realidad se trata de mirar más allá de tu propio mundo. Como persona negra, no sé todo sobre las personas de color. Puedo sentir empatía y no debería temer hacer las preguntas correctas. Podría estar hablando con una mujer negra musulmana, y estamos a mundos de distancia, porque no soy religiosa. Tengo que respetar los límites, comprender, saber cómo mostrar empatía y hacer mis deberes para saber cuándo es apropiado hacer preguntas. Esto es independiente de mi color de piel.

Creo que demasiadas personas blancas olvidan su posición de poder, no cumplen con su responsabilidad, mencionan algunas palabras clave y creen que están a salvo, pero luego cometen grandes errores.

5.   ¿Cuáles áreas se deben desarrollar más?

A. I.   Un área en la que me hubiera gustado profundizar más es la **accesibilidad** para personas que viven con discapacidad. En términos de retorno de la inversión, es bajo, pero creo que es necesario llevar a cabo acciones discretas, que quizás no generen un gran alarde, pero que demuestren tu intención. Uno de los aspectos que deberíamos haber desarrollado es la implementación sistemática de traducción en lenguaje de señas (ASL), pero aún no habíamos llegado a ese punto. Por supuesto, si nunca lo ofreces, nadie te lo va a pedir. Puedes sentir que no hay nadie que lo necesite, pero si no lo tienes ¿cómo se sentirán cómodas las personas que lo necesitan? Comenzamos a ofrecer visitas organizadas en formato sonido subidas en internet, donde se leen todos los textos de pared, y proporcionamos cuadernillos con todos los textos en letras grandes. También iniciamos recorridos guiados y comentados por personas con discapacidad. Esa era un área en la que todavía teníamos que trabajar.

Es importante considerar la hegemonía cultural, tal como plantea Gramsci. El estado nos dice que debemos abrazar la diversidad, y por ende, todas las instituciones están implementando procesos al respecto. Pero, ¿qué significa esto realmente? ¿El gobierno busca genuinamente la diversidad cultural o simplemente pretende actuar aparentemente de manera que parezca estar a favor de lo culturalmente diverso? Además, no existe una sola manera de ser, por ejemplo, indígena. ¿Por qué no podrían nuestros entornos laborales ser lugares donde no todos estén de acuerdo en todo, pero aún así trabajen juntos?

6.   ¿Tiene alguna recomendación para que las instituciones y la cultura sean realmente más accesibles?

A. I.   La gente necesita leer y hacer sus deberes y educarse. Debe llevarse a cabo una formación obligatoria que nos haga cuestionarnos: ¿A quién eliges para hacer esta formación? ¿Con qué socios trabajas? ¿Quiénes hacen capacitaciones en **equidad**? Por ejemplo, podría establecerse una capacitación obligatoria en colaboración con el Centro de Amistad Indígena para fomentar la escucha y el aprendizaje sobre la relación entre colonos e indígenas. También es importante definir una lista de lecturas esenciales para el personal. Tal vez, incluso antes del proceso de entrevistas, se podría requerir que los candidatos hayan leído ciertos libros.

A veces, es necesario sentarse en silencio y dejar espacio sin ocupar, antes de que algunas comunidades realmente confíen en usted y comiencen a integrarlo.

— Es fundamental cumplir con lo que decimos y hacer lo que prometemos. También es importante reconocer en qué áreas aún no estamos haciendo lo suficiente y admitirlo abiertamente.

— Si realmente deseamos impulsar cambios en estas instituciones, es imperativo que hagamos el trabajo necesario. Hay gente que siempre será racista. En consecuencia, si la apertura es un esfuerzo estratégico fundamental para la organización, deberíamos considerar eliminar a aquellas personas que no estén alineadas con estos valores. Es esencial reconocer que necesitamos individuos que se adapten y contribuyan en mayor medida a nuestra organización.

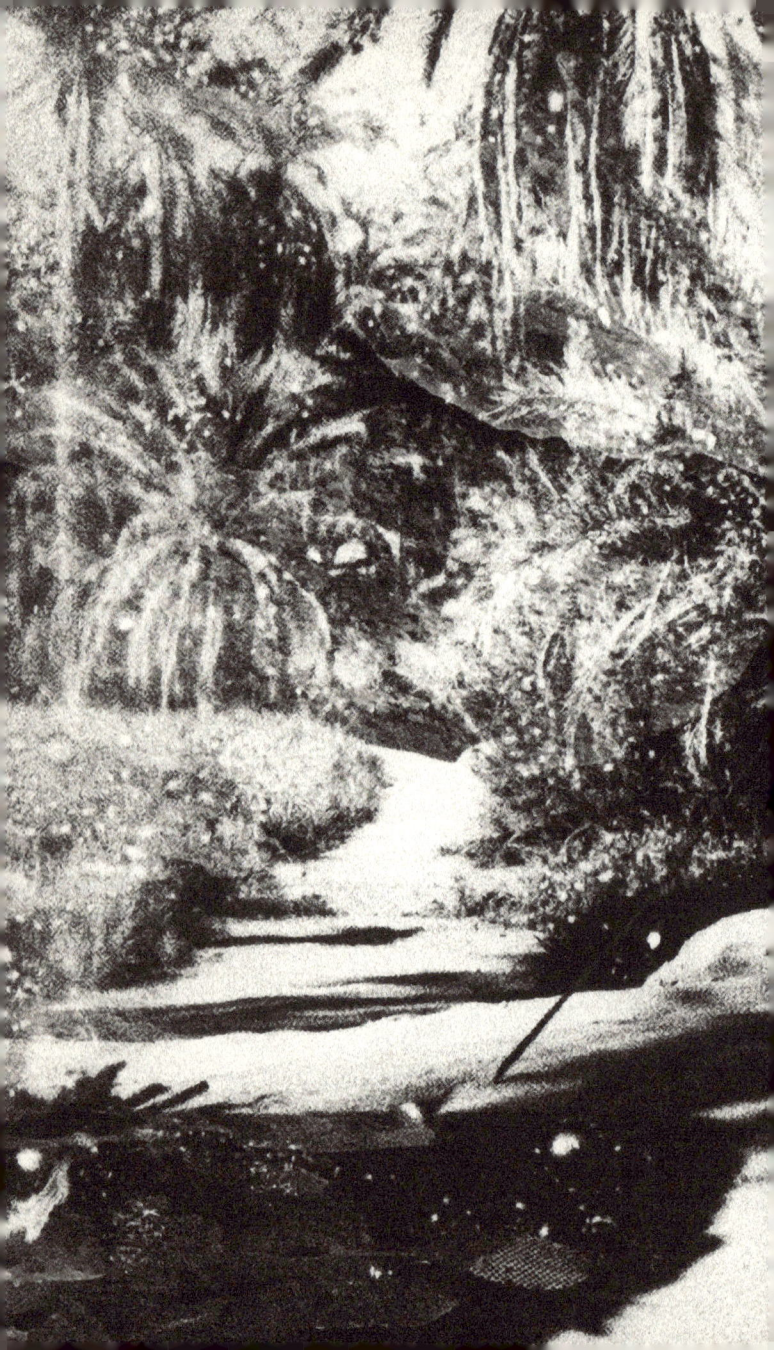

PASEAR POR LOS JARDINES[47]

Lucía Egaña Rojas

Tenemos que negarnos a limitar nuestras visiones a las concesiones que nos ofrecen: lo que deseamos es un mundo radicalmente distinto que suprima los sistemas que ponen nuestras vidas bajo su control.
Dean Spade

Imaginar un futuro cercano o lejano que podría haber sucedido ayer. Un conjuro. Una confabulación transformadora de la justicia. Una magia. Un hechizo.

Llega un momento en el que la situación se torna totalmente insostenible. No hay electricidad para el aire acondicionado y las prácticas de conservación, tal como se habían conocido hasta entonces, se hacen imposibles. Los problemas son estructurales y así hacen aguas las infraestructuras. Todos esos cambios en las instituciones (accidentes dirían algunos) terminan dando lugar a otro tipo de arte.

El arte blanco, europeo, nacionalista, capacitista, moderno y colonial, binario; el arte que distingue entre arte y artesanía y que ha configurado una serie de jerarquías en los imaginarios, las ciudades, los colores de piel y los estatutos administrativos; esos mundos impuestos por occidente, no existirán más. ¿Cómo nos prepararemos para ese momento? ¿Cómo nos entrenamos para la transformación de todo?

---

47 Este brevísimo ejercicio de ficción especulativa se orienta a proyectar posibles rumbos y lugares hacia dónde nos podrían llevar todas las transformaciones que intentamos empujar entre tanta gente, ya sea a través de este informe así como de una serie de otras iniciativas que funcionan en paralelo.

Un tiempo antes del apagón, en el período de la Gran Negación, las comunidades se prepararon e identificaron aquello que requería desaparecer para dar lugar a otra cosa. No se trataba de "una otra cosa" nueva ni inaudita, sino más bien todo lo contrario. *El futuro es ancestral*, repetían algunas personas con insistencia desde el principio de lo que llamaban el "segundo milenio". Fue necesario indagar en un tiempo aparentemente pretérito para comprender qué significaba este enunciado. O, dicho de otra forma, hubo que escarbar en aquello que los blancos intentaron borrar durante siglos, y lo que los heterocis–sexuales han tratado de desaparecer por eras. En espacios que parecían amenazantes para las estructuras institucionalizadas establecidas por unos pocos en función de su convención y conveniencia, aparecían ineludiblemente las grietas.

Si todo lo que este informe sugiere encuentra su cauce en un río, si se convierte en una realidad intempestiva, si se materializa de manera ineludible, entonces, la cultura se transformará en un ente vivo, nunca más en condición de estancamiento. Dejará de ser lo que se considera un 'fósil de museo'. Y aunque desde este presente ya obsoleto no podamos anticipar su forma, el curso que tomará, ni quiénes serán los artistas (incluso si seguirá existiendo esa figura que hoy se ilumina a medias entre la precariedad y el privilegio, conocida como el artista...), podemos abrazar lo que estas muertes auguran. Quizás los museos sean jardines, las exposiciones bolsas de compost, los artistas gusanos de tierra y los catálogos tejedoras de telar. Ojalá los museos se transformen en enormes cocinas comunitarias. Quizás las artes sean una herramienta curativa para sanar los dolores planetarios y los corazones de seres vivos y no vivos, maltratados por el capital. Quizás se trastoque un sistema completo de valores.

No sabemos con certeza, sin embargo, podemos entender que una transformación estructural nos llevará

PODEMOS
ENTENDER QUE UNA
TRANSFORMACIÓN
ESTRUCTURAL NOS
LLEVARÁ A HABITAR
UN MUNDO MENOS
INJUSTO Y MÁS
RICO, EN EL QUE LA
CULTURA DEJE DE SER
UN INSTRUMENTO
PARA EL EJERCICIO
DE LA VIOLENCIA Y
SE CONVIERTA EN SU
LUGAR, EN UN ESPACIO
DE CONOCIMIENTO,
SANACIÓN, PENSAMIENTO
E INVENTIVA
COMUNITARIA.

a habitar un mundo menos injusto y más rico, en el que la cultura deje de ser un instrumento para el ejercicio de la violencia y se convierta en su lugar, en un espacio de conocimiento, sanación, pensamiento e inventiva comunitaria.

De alguna forma, desaparecerán las puertas y los accesos que se cierran. La palabra 'conservación' ya no será un problema: sepultadas bajo capas geológicas o en humedales que en sus profundidades carecen de oxígeno, las semillas guardarán su potencia germinadora. La palabra conservación no va a existir más, ni sus intentos por establecer un marco que distingue lo que es necesario de guardar de lo que no. Apenas aquellos elementos en contacto con la profundidad del humedal, lo mojado, lo inundado y preservado por su estado lúbrico, subsistirán. Quizás podamos encontrarlos en nuestra geología forense, como capas conservadas bajo las estructuras tan violentas de nuestros días.

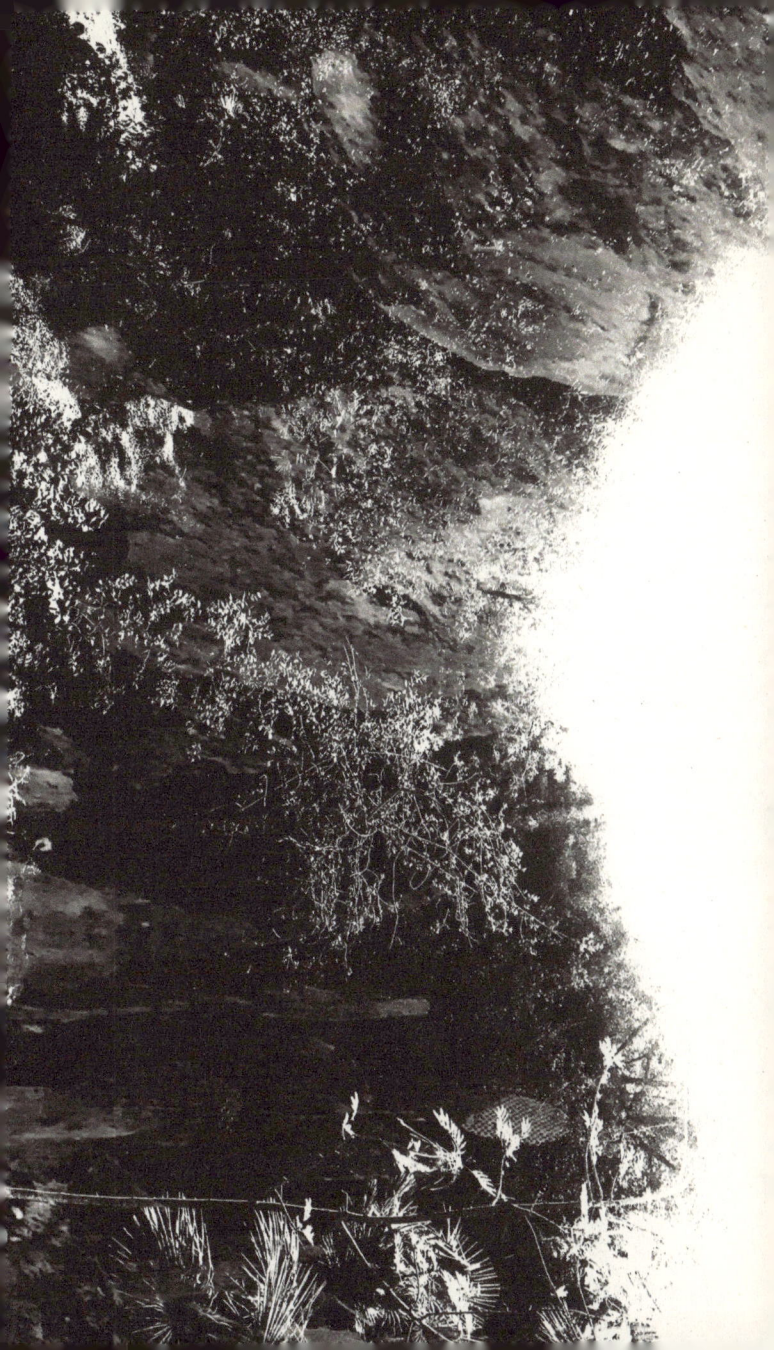

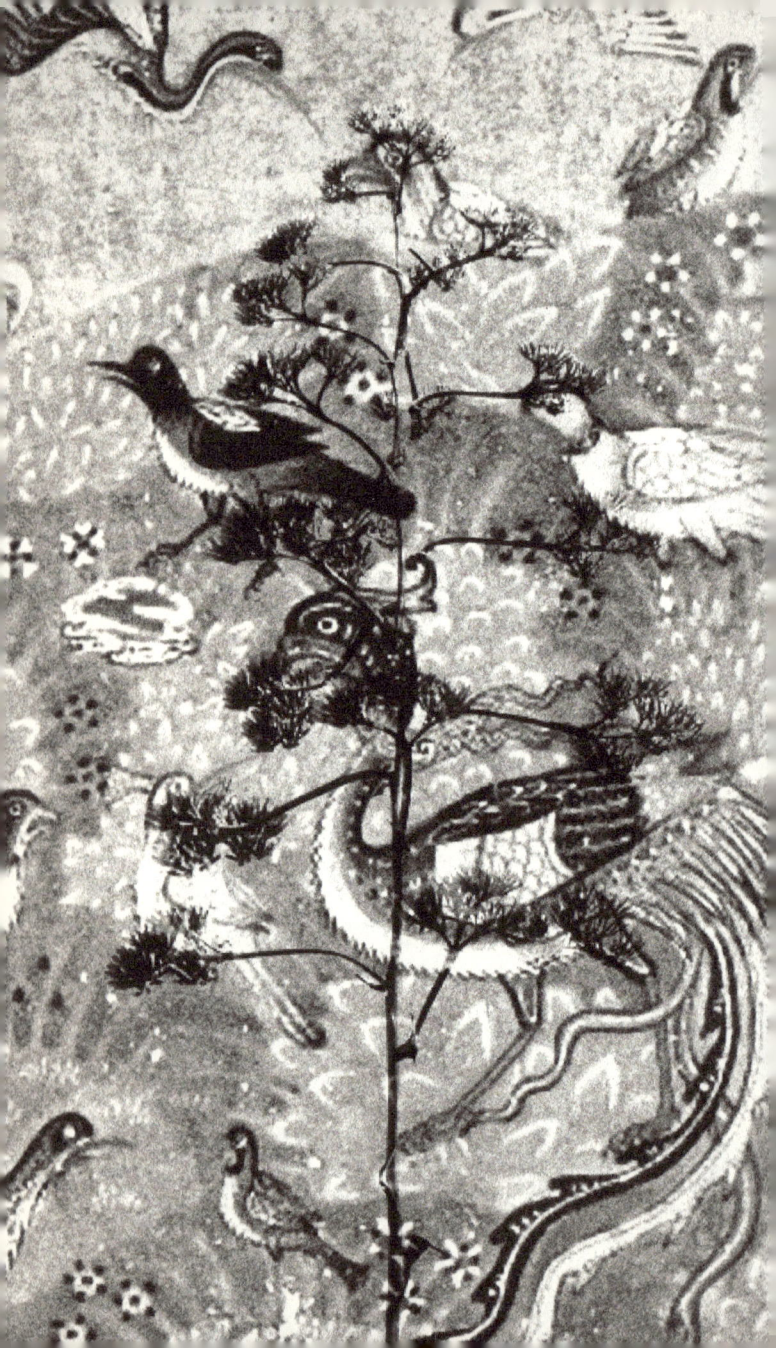

RECOMENDACIONES

Las siguientes recomendaciones se extraen de las entrevistas, discusiones con el grupo de trabajo, del glosario y de los debates mantenidos en torno a esta investigación durante el año 2022. Son ideas que ya están en las anteriores páginas pero que queríamos ofrecer en un formato resumido.

Acceso a los espacios

– Pensar en la **accesibilidad** a puestos de trabajo, becas, investigaciones y edificaciones desde el principio, en vez de intentar arreglar las cosas después.

– Tener en cuenta las distintas **diversidades** corporales (sexuales, genéricas, raciales, de capacidad) y sus memorias históricas.

– Ralentizar los ritmos de trabajo y producción para hacerlos accesibles a diversos cuerpos y personas, evadiendo la premura "anual" del **tiempo** de las administraciones públicas y privadas.

– Evitar el uso de términos academicistas y elitistas.

– Proveer de versiones de la información en distintas lenguas (oral, signos, subtítulos, diversos idiomas, etc.).

– Proponer actividades, eventos, exposiciones, investigaciones, etc. con distintas maneras y/o grados de participación.

– Habilitar espacios como guarderías y/o incluir actividades para poder participar con bebés o criaturas pequeñas.

– Adaptar y permitir el espacio a la presencia de perros guías y perros alarma.

– Describir imágenes y videos para personas ciegas o con baja visión.

– Utilizar braille.

– Subtitular videos (en exposiciones, eventos, redes sociales, etc.).

– Generar mecanismos de participación activa y fluida entre la institución y colectivos y comunidades afectivas no hegemónicas: ofrecer espacios continuos para reunión, ensayo, espacios expositivos, salas comunes de encuentro, acceso a archivo y herramientas de creación.

– Promover la presencia de cuerpos diversos y no hegemónicos en los accesos a las instituciones así como sus mediadores, para generar empatía y mayor accesibilidad para cuerpos no acostumbrados a acceder a dichas instituciones.

– Disponer de un correo/acceso directo/formulario de contacto, o similar, para atender a demandas requeridas relacionadas con la accesibilidad.

Programación

– Implicar un grupo de trabajo permanente, rotativo, sostenido y financiado por las instituciones culturales, el cual se reúna periódicamente para pensar, discutir, y asesorar las dinámicas culturales y programáticas de los espacios culturales. Este grupo estaría conformado por cuerpos y subjetividades no hegemónicas y normativas y tendría incidencia en la programación y oferta cultural de la institución.

– Generar espacios destinados a grupos sociales vulnerabilizados y periféricos que hacen vida en la ciudad y que posiblemente orbiten alrededor de la institución. Esta programación sería ejecutada por grupos mal llamados minoritarios y se realizarían convocatorias anuales exclusivamente para este sector. Esto permitiría la generación de programaciones híbridas.

– Incluir artistas discapacitades, racializades y LGTBI+ en todas las exposiciones.

– Sostener espacios para artistas migrades en situación regular e irregular.

Transparencia y economía

– Hacer explícitos los datos de cuántas personas trabajan en la institución: cuántas personas no blancas, discas, sexo–disidentes, etc. Decir en qué puesto, cargo o función trabajan estas personas. Ejemplo: Informe de "mujeres en las artes visuales" que contabiliza cuántas mujeres hay en las instituciones.

– Transparentar el manejo del dinero. Ver las proporciones presupuestarias globales y ver cómo se distribuyen. Que esta información sea pública y accesible para cualquiera.

– Explicitar el origen de los recursos. De dónde viene el dinero, cuál ha sido el flujo de esos dineros. Y para qué se está usando.

– Asegurar que todas las personas asistentes a un programa formativo o trabajadoras de una institución en el mismo cargo y función, reciban igual salario. Que esta información sea transparente.

– Procesos de selección transparentes en sus criterios, jurados, asignaciones y modalidades, asegurando que los jurados están compuestos por corporalidades y subjetividades diversas y no hegemónicas.

Estructuras internas

– Contratar profesionales que realmente se preocupen por transgredir la monotonía y la endogamia: que demuestren que en su vida laboral y privada se encuentran, interesan y conviven con la **diversidad**.

– Contratar personas que puedan mostrar un historial de interés en los demás y comprender la difícil situación de los demás.

– Expulsar a las personas racistas de las organizaciones a partir del establecimiento de un protocolo antirracista que regule malos tratos. Lo mismo aplicado a personas capacitistas a través de un protocolo anticapacitista.

– A la hora de hacer llamados a proyectos, comunicar explícitamente plazas dedicadas a perfiles diversos.

– Enfatizar cuestiones políticas y cómo las personas que trabajan en las instituciones están implicadas en ellas.

Comunicación

– Dar información sobre cómo está estructurado el espacio.

– Preguntar anticipadamente a un evento o actividad si las personas (artistxs, trabajadores, público) tienen necesidades específicas.

– Especificar y comunicar claramente con antelación qué espacios, eventos, producciones etc. son accesibles y de qué forma y en qué medida.

– Crear comunicaciones públicas teniendo en cuenta los contextos sociales en los que se encuentra la institución ya sean geográficos y/o temporales. (Ejemplo: El MACBA blanco existiendo en un barrio como el Raval y existiendo/comunicando al margen de su contexto).

– Crear internamente sistemas de comunicación para mejorar como institución y estar siempre autocuestionándose y escuchando. Por ejemplo: tener buzones anónimos no sólo para usuarias sino también para empleadas y todas aquellas personas que participan internamente de la institución.

Formación

– Iniciar procesos de formación/sensibilización al personal de los distintos departamentos de las instituciones culturales en temas relacionados con: colonialismo, supremacía blanca, racismo, colorismo, negrofobia, especismo, discriminación, **capacitismo**, homolesbotransfobia, entre otros.

– Hacer una formación obligatoria en temas de anticapacitismo, antirracismo y lgtbi y transfobia.

– Ofrecer materiales (lecturas, películas, manifiestos, etc.) para combatir el racismo, la transfobia y el capacitismo, a las personas que trabajan en una institución.

– Ofrecer cursos, charlas, seminarios y debates que sean promovidos por y para comunidades diversas y no hegemónicas, evitando la "tematización" estratégica, extractiva y esporádica en aras de su constitución como eje transversal de las instituciones.

Archivos y publicaciones híbridas

– Pensar en manchar el archivo de las instituciones culturales y construir una memoria histórica que implique la hibridez y la coexistencia en tensión, armonía o contradicción entre estéticas y relatos hegemónicos y otras narrativas.

– Procurar diversificar las personas que son publicadas, o cuyo trabajo es divulgado, en términos de origen, raza, sexualidad, género y capacidad, entre otras.

Agradecimientos

Esta investigación no sería posible sin el apoyo material que nos dio el Centre d'Art Santa Mònica, en especial Enric Puig. También ha sido impulsada con el apoyo de la PAAC quienes se mostraron desde el primer momento dispuestas e interesadas en esta investigación.

Agradecemos también la disposición y la experiencia de quienes formaron parte del grupo de trabajo, discontinuo producto de nuestras múltiples actividades, pero siempre implicado por la necesidad política de consignar la transformación. Formaron parte del grupo: Sally Fenaux Barleycorn, Francisco Godoy, Tjasa Kancler, Silvia Albert Sopale y Helena Vinent.

Agradecemos al grupo de Laboratorio de Ideas para Convocatorias Cuidadas: Tau Luna Acosta, Paula Bruna, Natalia Carminati y Rosa Lendínez. También queremos agradecer a Rafaela Pimentel del colectivo Territorio Doméstico por haber accedido a dialogar con nosotras sobre los cuidados.

Agradecemos a todas las personas que nos concedieron entrevistas: iki yos piña narváez funes, Elektra KB y a las personas anónimas. Queremos agradecer también a Florencia Brizuela y Uriel López por habernos cedido el nombre a través del cual nombramos esta investigación durante su tiempo de desarrollo, y que a su vez titula el libro de su autoría: Descentrar la mirada para ampliar la visión.

Agradecemos a todas las organizaciones y proyectos que, desde antes que pudiésemos empezar con la investigación, dieron su total apoyo a la iniciativa: Hangar, Espai Avinyó, Hibiscus Asociación de Afroespañolas y Afrodescendientes, Dones Visuals, La Escocesa, t.i.c.t.a.c. y Henier Kunstsenter.

A Eduardo Carrera por las correcciones y edicio-nes atentas y a Camila González S. por dar forma visual a estos textos.

Y por último, a quienes han trabajado estos asuntos y a quienes los seguirán trabajando, a todas las personas que lean este libro y sobre todo a las que lo utilicen.

Bibliografía

Ahmed, Sara. 2004. «Declarations of Whiteness: The Non—Performativity of Anti—Racism». *border-lands e—journal* 3 (2). http://www.borderlands. net.au/vol3no2_2004/ahmed_declarations.htm.

———. 2012. *On being included: Racism and diversity in institutional life*. Durham and London: Duke University Press.

———. 2018. *Vivir una vida feminista*. Traducido por María Enguix Tercero. Barcelona: Bellaterra Edi-cions (Obra original publicada en 2017).

Arendt, Hannah. 1958. *The origins of Totalitarianism*. Ohio: Meridian Books.

Al—Zubaidi, Yamam. En prensa. «Et maintenant, on va où? Diversity in arts and culture: between formal correctness and genuine needs».

Ariza, José, y Yeison García. 2022. *La diversidad ét-nico racial en la instituciones culturales de la comunidad de Madrid*. Madrid: FelipaManuela Ediciones.

Azoulay, Ariella Aïsha. 2021. «Liberen a Renty! — Repa-raciones, fotografía, y la premisa imperial de la academia». *Desde el margen*. http://desde—el-margen.net/liberen—a—renty—reparaciones—fo-tografia—y—la—premisa—imperial—de—la—aca-demia/.

Bouteldja, Houria, y Sadri Khiari. 2021. ¡Intégrate tú! Hablan los indígenas de la República Francesa. Traducido por Juan Vivanco. Manresa: Edicions Bellaterra.

Campbell, Fiona Kumari. 2008. «Refusing Able(ness): A Preliminary Conversation about Ableism». *M/C Journal* 11(3): s/n.

Cherney, James L. 2011. «The Rhetoric of Ableism». *Disability Studies Quarterly* 31(3) (Disability and Rethoric): s/n.

Corvalán, Kekena. 2021. *Curaduría afectiva*. La Plata: Cariño ediciones.

DiAngelo, Robin. 2021. *Fragilidad blanca*. Traducido por Maria Enguix. Guadarrama: ediciones del oriente y el mediterráneo (Obra original publicada en 2018).

Egaña, Lucía. 2020. «Cierto algoritmo del arte». En *Textus*, 135—44. Barcelona: paac (Plataforma Asamblearia de Artistas de Catalunya).

Espinosa, Yuderkys. 2009. «12 de octubre: conmemorar la violación originaria». http://glefas.org/download/biblioteca/estudios—descoloniales/12—de—octubre—conmemorar—la—violaciocc81n—originaria_Yuderkys—espinoza.pdf.

Fanon, Frantz. 2009. *Piel negra, máscaras blancas*. Traducido por Ana Useros Martín. Madrid: Akal.

García—Santesmases, Andrea, y Laura Sanmiquel—Molinero. 2021. «La teoría tullida llega a España». *El Salto*, 1 de octubre de 2021.

Godoy Vega, Francisco, y Iki Yos Piña Narváez. 2021. «Si nos pegas, te escupimos. Resistencias artísticas migrantes, disidentes sexuales y de género contra la supremacía blanca madrileña». En *Dagmary Olívar Graterol, El otrx: arte, cultura y migración en la ciudad de Madrid (Madrid: La Parcería edita)*.

Gómez—Peña, Guillermo. 1991. «A Binational Performance Pilgrimage». *The Drama Review* 35(2): 22—45.

Guerra, Itxi. 2021. *Lucha contra el capacitismo. Anarquismo & Capacitismo*. Imperdible editorial.

Social Sciences and Humanities Research Council. 2022. «Guide to Including Diversity Considerations in Research Design for Doctoral and Postdoctoral Award Applicants». June 21, 2022, https://www.sshrc—crsh.gc.ca/funding—financement/apply—demande/guides/doctoral_postdoctoral_edi_guide—doctorat_postdoctorales_guide_edi—eng.aspx.

Hayward, Eva, y Che Gossett. 2017. «Impossibility of that». *Angelaki* 22 (2): 15—24.

Henry, Frances, Dua Enakshi, Carl E. James, Audrey Kobayashi, Peter Li, Howard Ramos, and Malinda S. Smith. 2017. The Equity Myth: Racialization and Indigeneity at Canadian Universities. Vancouver: UBC Press.

Indigenous Action. 2021. «Repensando el apocalipsis. Un manifiesto indígena antifuturista». En *vvaa, Futuro ancestral (Valencia—Chiapas: Ediciones OnA).*, 25—43.

Jukhader, Rana. 2019. The Limbo Party Video Entrevistado por Giuliana Racco.

Khosravi, Shahram. 2010. *"Illegal" Traveller: An Auto—Ethnography of Borders*. Basingstoke and New York: Palgrave Macmillan.

Lapponi, Estela. 2012. «ANTI—INCLUSÃO MANIFESTO». *estelapponi.blogspot.com* (blog). 2012. http://estelapponi.blogspot.com/2012/05/anti—inclusao—manifesto.html.

Lazard, Caroline. 2019. *Accessibility in the Arts: A Promise and a Practice*. New York: Recess.

Lba Gueye, Massamba, y Ángela Rodríguez Perea. 2021. «Objetos ausentes: retorno y reapropiación». *Concreta*, 2021.

Masson, Lucrecia. 2015. «Desborde Rumiante. Notas para un feminismo gordo». Tesis de Máster, Barcelona: MACBA PEI / Universitat Autònoma de Barcelona.

Mouffe, Chantal. 1997. Pluralismo artístico y Democracia radical: Un breve intercambio con Chantal Mouffe alrededor de las actividades culturales, las prácticas artísticas y la democracia radical Entrevistado por Marcelo Expósito. Acción Paralela #4. https://marceloexposito.net/pdf/exposito_mouffepluralismoartistico.pdf.

Puwar, Nirmal. 2004. *Space Invaders: Race, Gender and Bodies Out of Place*. Oxford and New York: Berg.

Rivas, Felipe. 2011. «Diga "queer" con la lengua afuera: Sobre las confusiones del debate latinoamericano». En *Coordinadora Universitaria por la Disidencia Sexual (cuds). Por un feminismo sin mujeres. Santiago de Chile: Territorios Sexuales.*, 59—75.

Sarr, Felwine, y Bénédicte Savoy. 2018. «Rapport sur la restitution du patrimoine culturel africain. Vers une nouvelle éthique relationnelle.» Paris: Ministère de la culture.

Schimanski, Johan, y Stephen F. Wolfe. 2017. *Border Aesthetics: Concepts and Intersections*. New York: Berghahn.

Schinkel, Willem. 2018. «Against 'immigrant integration': for an end to neocolonial knowledge production». *cms* 6:31: 1—17.

Simão, Catarina, y Tania Safura Adam. 2021. «Restitución y reparación: entre el diálogo, la negociación y los silencios». *Concreta*, 2021.

Spade, Dean. 2015. *Una vida «normal»*. Traducido por María Enguix Tercero. Barcelona: Edicions Bellaterra (Obra original publicada en 2011).

———. 2022. *Apoyo mutuo. Construir solidaridad en sociedades en crisis*. Traducido por Pamela Cappas—Toro. Madrid: Traficantes de Sueños (Obra original publicada en 2020).

Tuck, Eve, y K. Wayne Yang. 2021. «La descolonización no es una metáfora». *Tabula Rasa* 38: 61—111.

Vergès, Françoise. 2021. «Restitución/decolonización». *Concreta*, 2021.

Wekker, Gloria. 2016. *White Innocence. Paradoxes of Colonialism and Race*. Durham and London: Duke University Press.

Wolbring, Gregor, y Paco Guzmán. 2010. «Human Enhancement Through the Ableism Lens (an e—mail interview made by Francisco Guzmán)». *Dilemata. Revista Internacional de Éticas Aplicadas* 3: 1—13.

Woods—Morrow, Derrick. 2022. Five Questions: Derrick Woods—Morrow Entrevistado por Simone Solondz. RISD. https://www.risd.edu/news/stories/five—questions—derrick—woods—morrow.

Listado de imágenes

Imagen de portada y página 154: "La conferencia de los
    pájaros", Persia, siglo IX.
Imágenes y collages del interior del libro
    producidas por Camila González S. con fotos
    de archivo de Giuliana Racco.